SKABANEVASMATA

POEMS - SONGS
FOR SENSITIVE HEARTS
....

Second Edition

TAKIS G. PORTOULAS

ΣΚΑΜΠΑΝΕΒΑΣΜΑΤΑ

ΠΟΙΗΜΑΤΑ-ΤΡΑΓΟΥΔΙΑ
ΓΙΑ ΤΙΣ ΕΥΑΙΣΘΗΤΕΣ ΚΑΡΔΙΕΣ

ΤΟΥ ΤΑΚΗ Γ. ΠΟΡΤΟΥΛΑ

Δεύτερη Έκδοση

MIAMI, FLORIDA
2008

Απαγορεύεται η αναδημοσίευση του
έργου τούτου χωρίς την γραπτή
συγκατάθεση του συγγραφέα.

Contact e-mail addresses:
TAKISP99@HOTMAIL.COM
            Or
PETERPORTOULAS@BELLSOUTH.NET

Copyright-Takis G, Portoulas
Miami, Florida,2008
ISBN: 978-0-6151-8760-0

Ο Τάκης Πορτούλας γεννήθηκε στο Γαλαξείδι. Εκεί τελείωσε το Δημοτικό και τις δυο πρώτες τάξεις του Γυμνασίου. Στις αρχές του 1950 ματακόμισε με την οικογένειά του-μητέρα και αδέρφια (ορφανός από πατέρα)-στον Πειραιά.
Μετά το Γυμνάσιο έγινε δεκτός από Πανεπιστήμιο στην Αμερική για σπουδές στο τμήμα των Μηχανολόγων-Ηλεκτρολόγων. Απέκτησε και το δίπλωμα Μάστερς και εργάστηκε σε πολλές εταιρείες στην Αμερική σε διάφορες θέσεις μέχρι και την θέση του αντιπροέδρου.
Από τα πανεπιστημιακά του χρόνια στο Ντητρόιτ (δεκαετία του '60), έγραφε έμμετρα σατιρίζοντας πρόσωπα και γεγονότα του κύκλου του. Άρχισε να γράφει ποιήματα με θέμα την πολυτραγουδισμένη ξενιτιά στις αρχές του 1990. Στην συνέχεια άρχισε να γράφει και ποιήματα με ποικίλα θέματα, που περιέχονται σε τούτο το βιβλίο. Πολλά από τα ποιήματά του είναι εμπνευσμένα από τις προσωπικές του εμπειρίες, αλλά κι από τη ζωή άλλων. Κάθε αναγνώστης, διαβάζοντάς τα, ίσως βρει κάτι, που θα μιλάει για τον ίδιο.
Όπως έχει ειπεί πολλές φορές, αν και απουσιάζει από την Ελλάδα (εκτός απ' τις πολλαπλές επισκέψεις) πάνω από 50 χρόνια, δεν θυμάται ούτε μια μέρα, που η πατρίδα δεν ήταν στη σκέψη του. Θεωρεί τον εαυτό του ως «Της ξενιτιάς τραγουδιστή-Των περασμένων εραστή» και πάντα θα νιώθει πως είναι «Μοιρασμένος στα δυό-Στις πατρίδες τις δυό»

Ελένη Καρατσώλη, Ευγένιος-Παναγιώτης Σοτέλο

Στην βαφτιστήρα μου Ελένη και το εγγονάκι μου Ευγένιο-Παναγιώτη

ΕΥΧΑΡΙΣΤΩ....

Τους Μανώλη και Βάσω Συλλιγαρδάκη και τον Γιάννη Πορτούλα για τις χρήσιμες συμβουλές και υποδείξεις για την βελτίωση των ποιημάτων μου. Επίσης την Φαίη Πορτούλα για την βοήθειά της σε ορθογραφικές διορθώσεις.

ΠΕΡΙΕΧΟΜΕΝΑ

ΤΙΤΛΟΣ	ΣΕΛΙΔΕΣ
ΣΑΝ ΠΡΟΛΟΓΟ	ι
Η ΚΡΙΤΙΚΗ ΜΟΥ	iv
ΞΕΦΥΛΛΙΖΟΝΤΑΣ ΕΝΑ ΒΙΒΛΙΟ	v
ΜΙΑ ΠΑΡΑΤΗΡΗΣΗ	ix
ΤΗΣ ΞΕΝΙΤΙΑΣ	18
ΣΤΟΧΑΣΜΟΙ ΚΑΙ ΙΣΤΟΡΙΕΣ	44
ΤΗΣ ΠΑΤΡΙΔΑΣ	147
ΤΡΑΓΟΥΔΙΑ	160

ΣΑΝ ΠΡΟΛΟΓΟ

«Ποιητές της Διασποράς»
Ελληνικό Περιοδικό «ΥΠΕΡ»
Λος Άντζελες, Καλιφόρνια

Οι Έλληνες είναι ταξιδιάρης λαός. Από τα πανάρχαια χρόνια, που οι πρώτοι Έλληνες έφτασαν στις άκρες της Ηπειρωτικής Ελλάδας, φτιάξαν αμέσως πλοία, για να πάνε στις παραλίες της Μικράς Ασίας και στην Κύπρο. Εκεί έχτισαν νέες πατρίδες. Όμως, δίπλα στον πόθο για την εξερεύνηση και αναζήτηση του άγνωστου, ο ταξιδευτής Έλληνας βίωσε το γλυκόπικρο πόνο της νοσταλγίας. Η θύμηση της πατρίδας, των αγαπημένων προσώπων και η προσδοκία του «νόστου», το «νόστιμον ήμαρ» του Ομήρου, χρωμάτιζαν τις εκδηλώσεις του Έλληνα στις νέες πατρίδες του. Η νοσταλγία, όμως, δεν ήταν εμπόδιο στην καλλιτέρεψη της ζωής του ξενιτεμένου, που πάντα προόδευε στην ξένη γη. Αντίθετα μάλιστα, η θύμηση της πατρώας γης, η ανάμνηση αυτής της αγαπημένης πραγματικότητας του έδινε αντοχή και κουράγιο. Η νοσταλγία ήταν ζωογόνος πίστη.
Βρισκόμαστε στην ευχάριστη θέση να έχουμε ανάμεσά μας τον Τάκη Πορτούλα, που η μούσα τον προόριζε να τραγουδήση τον προαιώνιο ελληνικό καημό. Μέσα απ' την απλότητα των στίχων του ξεχειλίζει η αγάπη του ξενιτεμένου για την πατρίδα, που είναι ο «συλλογικός μας καημός». Ο Τάκης Πορτούλας είναι μιά ψυχή, που διατηρήθηκε αγνή και παρέμεινε ελεύθερη, παρότι «πολιορκημένη» για δεκαετίες από την παμφάγα επιρροή αυτής της ξένης γης.
Ο Τάκης Πορτούλας ξέρει να μιλάη την γλώσσα της καρδιάς. Στην

ποίησή του διακρίνεις έντονη συναισθηματικότητα, λεπτότητα, ευγένεια και ευαισθησία. Η αναπόληση της απόμακρης ομορφιάς της πατρίδας τον κάνει να περιγράφη και να εξυψώνη τις μικρές απολαύσεις της ζωής στην Ελλάδα, που αποκτούν ένα λυτρωτικό νόημα: «Θέλω να νιώσω, όπως νιώθαμε παιδιά, που πελαγώναμε στην αμμουδιά». Η Ελλάδα είναι ένας χαμένος παράδεισος. Η ευτυχία επέρχεται μόνο με την κάθαρση του νόστου. « Ο γυρισμός στον τόπο, που γεννήθηκα, θάναι το πιο όμορφο ταξίδι», λέει ο Τάκης.
Στην ποίησή του υπάρχει αγωνία μήπως και το όνειρο αυτό δεν πραγματοποιηθή. « Μούπες Απρίλη πως θα ρθης και φτάσαμε Σεπτέμβρη». Συνειδοτοποιεί, ότι οι υλικές απολαύσεις, που προσφέρει η ζωή στη Αμερική, αποδεικνύονται ανίκανες να προσφέρουν την ευτυχία. Μάλιστα του φαίνεται σαν μια καλοστημένη παγίδα, που μετατρέπει τον νέο και ενθουσιώθη νιόφερτο σπουδαστή σε ασπρομάλλη και στοχαστικό άνθρωπο.
Σε πρόσφατα ποιήματά του εμφανίζεται μια φιλοσοφική διάθεση, όπου θεωρεί τη ζωή στοχαστικά και συχνά αναγνωρίζει την ματαιότητα των νεανικών μας επιδιώξεων. Αυτό είναι ωριμότητα και σοφία.
Είναι αλήθεια, ότι πολύ συχνά επιδιώκουμε αθέλητα το λάθος και απορρίπτομε από άγνοια αυτό, που θα μας ωφελούσε. Τούτο φαίνεται στο όμορφο ποίημα « Άπονες Σκέψεις», όπου, απευθυνόμενος στους στοχασμούς, που έπαψαν να τον συγκινούν, όπως παλιά, λέει:

«Σκέψεις γιατί με τυραννάτε;
Τούτ' την ψυχή δεν την πονάτε;
Μέσα μου μπαινοβγαίνετε
Μα δεν με συμβουλεύετε σαν πρώτα,
Τώρα, που οι φωνές απομακρύνονται
Και χαμηλώνουνε τα φώτα».

Χαιρόμαστε, που δώσαμε την δυνατότητα στον Τάκη Πορτούλα να έρθη σε επαφή με την παροικία μας μέσω του περιοδικού μας.

Χρήστος Εμμανουηλίδης, Ιατρός,
Λος Άντζελες, Η.Π.Α.

Η ΚΡΙΤΙΚΗ ΜΟΥ

Δεν θα προσεγγίσω τα ποιήματα του φίλου μου Τάκη από τεχνικής πλευράς. Εξ άλλου δεν τα έγραψε για να δεχτεί μια τέτοια κριτική. Αυτό, που ενδιαφέρει στην προκειμένη περίπτωση, είναι η ανάλυση των συναισθημάτων και του χαρακτήρα του δημιουργού τους.
Άτομο ευαίσθητο ο Τάκης, με λεπτά συναισθήματα, καταφεύγει στην Ποίηση για να τα εκδηλωθεί και να λυτρωθεί.
Κρατώντας άσβεστη τη μνήμη της Πατρίδας του και τις αγάπες των παιδικών του χρόνων έρχεται και ξανάρχεται σ' αυτές τις θύμησες.
Πέρα απ' την διάχυτη νοσταλγία, όμως, για την Πατρίδα (το μικρό Γαλαξείδι), τους συγγενείς και φίλους, τα παιδικά του ακρογιάλια και το πατρικό του σπίτι, τα δύσκολα χρόνια, αλλά και τις παλιές αγάπες, διακρίνει κανείς στην ποικίλη θεματολογία των ποιημάτων του, την στοχαστική διάθεση, αλλά και την απαισιοδοξία, την φυσιολατρεία και την ρεαλιστική, όμως, πραγματικότητα της αστικοποιημένης ζωής του.
Στο γράψιμό του βλέπεις την έλλειψη επιτήδευσης και στόμφου, όπως πολλές φορές και την «αυτόματη γραφή». Σε άλλα ποιήματα, όμως, υπάρχει μέτρο και τεχνική, που αγγίζουν το «σονέτο» με το κύριο νόημα συσσωρευμένο στην κατακλείδα.
Έτσι ο αναγνώστης, απαλλαγμένος από τις απαιτήσεις της τεχνικής, μπαίνει στον συναισθηματικό κόσμο του Τάκη και ζει μαζί του τα αγνά συναισθήματα, που τον διακατέχουν, που τόσο πλούσια και ειλικρινή αφήνει να εκδηλωθούν μέσα από την ανεπιτήδευτη ποίησή του.
Του εύχομαι να βρει το Λιμάνι των Ονείρων του χωρίς... «Σκαμπανεβάσματα».

Μανώλης Συλλιγαρδάκης
Φιλόλογος

Ξεφυλλίζοντας ένα βιβλίο !

Ένας περίπατος στην ποιητική συλλογή "Σκαμπανεβάσματα" του Τάκη Πορτούλα

Γράφει ο Διονύσης Ε. Κονταρίνης, Νέα Υόρκη, Δεκέμβρης 2007
denniskontarinis@yahoo.com

Γιά να διαβάσει κανείς ένα ποίημα κι'ακόμη γιά να το μελετήσει δεν χρειάζετε να έχει κάποια σχέση με την ποίηση ή να την θεωρεί σαν ένα λογοτεχνικό είδος που ταιριάζει σ'αυτούς που έχουν κάποιες ιδιαίτερες γνώσεις και ευαισθησίες Το ίδιο το ποίημα, το καλό ποίημα θα σου μιλήσει από μόνο του.
Ο Οδυσσέας Ελύτης είχε γράψει κάποτε. *"Η ποίηση χτυπάει σαν το σφυγμό στο χέρι μας."* Και ποιός μπορεί να αμφισβητήσει τα λόγια ενός Ελύτη; Όμως κάπως έτσι θα πρέπει να νοιώθει κι'ο Τάκης Πορτούλας. Να νοιώθει πως η ποίηση χτυπάει σαν τον σφυγμό στο χέρι του. Γιατί μέσα από την ποίηση ο Τάκης Πορτούλας εκφράζεται σωστά και πλατειά. Προσωπικά ομολογώ ότι δεν ανήκω σ'αυτούς που διαθέτουν τις ιδιαίτερες γνώσεις πάνω στην ποίηση. Κι'ακόμη πιό πολύ, δεν είμαι βιβλιοκριτικός. Έχω όμως κάποιες ευαισθησίες. Και τις ευαισθησίες μου αυτές κατάφερε να αγγίξει η ποιητική συλλογή του Τάκη Πορτούλα που τιτλοφορείται *"Σκαμπανεβάσματα."* και που είχε την καλωσύνη να μου στείλει πριν λίγο καιρό. Και τον ευχαριστώ.

Δεν γνώριζα τίποτε γιά τον δημιουργό αυτού του βιβλίου. Διαβάζοντάς το όμως μέσα από το στίχο του γνώρισα τον ποιητή, μέσα από τα νοήματά του γνώρισα τον δημιουργό και μέσα από πνεύμα του γνώρισα τον άνθρωπο. Γνώρισα *τον άνθρωπο, που η Μούσα προόριζε να τραγουδήσει τον προαιώνιο ελληνικό καϋμό, Τη νοσταλγία* όπως πολύ σωστά γράφει στον πρόλογο του βιβλίου ο γιατρός Χρήστος Εμμανουηλίδης από το Λος Άντζελες. Γιατί είναι γεγονός ότι ο Τάκης Πορτούλας μπορεί σίγουρα να χαρακτηριστεί σαν ο ποιητής της νοσταλγίας. Αυτό άλλωστε φαίνεται στην πρώτη από τις τέσσερεις ενότητες του βιβλίου του. *"Της ξενητιάς."*
Γεννημένος στο πανέμορφο, γιά όσους το έχουν γνωρίσει, Γαλαξείδι, έφυγε από κει γιά την Αμερική το 1957 κουβαλώντας μαζύ του την μεγάλη του αγάπη γιά τον τόπο που γεννήθηκε. Αυτή την αγάπη που τραγουδάει στα περισσότερα από τα ποιήματά του.

Πάρε τις σκέψεις μαζί,
Στον τόπο, που τις έφκιαξα,
Στον τόπο, που έζησα παιδί
Κι από του δέντρου ένα κλαδί
Σαν το πουλί, που πέταξα.

γράφει χαρακτηριστικά στο ποιήμα του *Πάρε με φίλε* χαρακτηρίζοντας τόσο παραστατικά την μετανάστευσή του.
Μέσα στην βαλίτσα της ξενητιάς ο Τάκης δεν κουβαλούσε μόνο τα όνειρα γιά το μέλλον του.
Πιό πολύ είχε κλείσει την νοσταλγία γιά την Ελλάδα, το Γαλαξείδι και όλα όσα άφησε πίσω του. Όλα αυτά,που δεν τον άφησαν ήσυχο τα πάρα πολλά χρόνια της ξενητιάς του. Κι'ήταν

αυτό που ήθελε να τραγουδήσει μέσα από τα ποιήματά του.

Κι΄ακούω στο νου μου μιά φωνή
Η ξενητιά με κούρασε
Κι άλλο δεν την μπορώ.
*Γράφει στο ποιήμα του **Η πέτρα από τ΄ακρογιάλι**.*

Στους στίχουν των ποιημάτων του καταφέρνει να παντρέψει τη νοσταλγία με την αγάπη και την ανθρωπιά. Τη νοσταλγία, που όπως ο ίδιος λέει, δεν τον άφησε ούτε γιά μιά στιγμή από την ημέρα, που είδε πίσω του να ξεμακραίνει το Γαλαξείδι. Έκλεισε όμως μέσα στην ψυχή του ότι,
ο γυρισμός στον τόπο που γεννήθηκα,
θα΄ναι το πιό όμορφο ταξίδι.
Οι στίχοι του αγκαλιάζουν όλες τις ψυχές των μεταναστών της γενιάς του, αυτούς που έφτασαν εδώ με το όνειρο του γυρισμού. Ενός γυρισμού που τις πιό πολλές φορές έμεινε όνειρο.

Στη σκέψη μου είχα πάντα την πατρίδα και κάποιο είδος γυρισμού, είναι οι σκέψεις του φίλου του και η αφορμή γιά το ποίημα *"Πάρε με φίλε"*

Με μιά ευαίσθητη τεχνική, που προσφέρεται γιά την κατανόηση των μηνυμάτων που κλείνουν μέσα τους και σε ελεύθερο στίχο τα ποιήματά του, δίνουν στον αναγνώστη τη γεύση της απόλαυσης αλλά και του προβληματισμού. Σε γεμίζουν με τα συναισθήματα του δημιουργού αλλά και σε τοποθετούν πάνω στους προβληματισμούς του. Δεν είναι ανάγκη να ανήκει κανείς στη γενιά του γιά να καταλάβει τον ποιητή και τις ανησυχίες του. Οι εικόνες που ζωγραφίζει δίνουν στον καθ'έναν όλα όσα κλείνει μέσα της η ψυχή του.

Τα *"Σκαμπανεβάσματα"* είναι μιά ποιητική συλλογή σε τέσσερεις ενότητες. *Της ξενητιάς, Στοχασμοί και ιστορίες, Της πατρίδας* και *Τραγούδια*.

Σε κάθε μιά απ'αυτές τις ενότητες ο Τάκης Πορτούλας έχει καταφέρει να δώσει και από έναν ξεχωριστό ποιητικό εαυτό του. Μέσα σ'αυτές τις ενότητες η νοσταλγία συνυπάρχει με μιά διάθεση φιλοσοφική. Κι'αλλού καταφέρνει να παντρεύει με επιτυχία την σάτυρα με το χιούμορ.

Ο Τάκης Πορτούλας στο πρώτο του αυτό βιβλίο αφήνει να πλανάται μιά υπόσχεση. Ότι θα μας πει ακόμη πιό πολλά πάνω στην ποίηση. Και θα περιμένουμε.

ΜΙΑ ΠΑΡΑΤΗΡΗΣΗ

Μερικοί διάβασαν τα ποιήματά μου, πριν εκδώσω τούτο το βιβλίο, και βρήκαν τα όσα έχω γράψει, κυρίως για την ξενιτιά, κάπως επαναλαμβανόμενα. Ίσως νάχουν δίκιο. Δεν πρέπει, όμως, να ξεχνάμε, ότι τα ποιήματα αυτά γράφτηκαν σε διαφορετικές περιόδους της ζωής μου και αντιπροσωπεύουν τα αισθήματά μου της στιγμής εκείνης, αισθήματα νοσταλγίας για την Πατρίδα, που δεν είναι παροδικά για να εξαφανιστούν. Παρέμειναν και παραμένουν ανάλλαχτα και στην κατάλληλη στιγμή τα μεταφέρω στο χαρτί με κάπως διαφορετικό τρόπο κάθε φορά, κι ας μιλάνε για το ίδιο θέμα.

Τάκης Γ. Πορτούλας

ΤΗΣ ΞΕΝΙΤΙΑΣ

Η ΜΑΡΙΩ

Η «ανέβγαλτη», η ανήλικη η Μαριώ
Φεύγει μια νύχτα απ' το χωριό.
Με τον Μανώλη το Λαδά
Ακούμπησε στον Καναδά.

Στου Μανώλη, του «αγνώστου», τη φωλιά
Βρήκε η χωριάτα καλή....δουλειά.
Το εισιτήριο εκατό,
Πήρε και γούνινο παλτό.

Φεύγει ο χρόνος, μένει η Μαριώ στη ερημιά,
Ζαρώνει η σάρκα, τί ασχημιά!
Το εισιτήριο φτηνό,
Σπίτι το δρόμο, σκεπή ουρανό.

Στα στερνά της, τότε θυμάται το χωριό,
Αδέρφια, φίλους, νοικοκυριό.
Γελάει το χείλι από χαρά,
Σκιρτά η καρδιά πρώτη φορά.

Μπροστά της νιώθει ένα πρόσωπο γνωστό,
Το χάδι του πούναι ζεστό.
Στην οπτασία μπαίνει γοργά,
Μα η ευτυχία ήρθε αργά.

Η «βγαλμένη», η ασπρομάλλα η γριά,
Φεύγει μονάχη για μακριά.
Χιόνι φουστάνι νυφικό,
Γαμπρός κρεβάτι νεκρικό.

ΥΠΟΣΧΕΣΕΙΣ

Μούπες Απρίλη πως θα ρθεις
Παρέα για να σ' έχω.
Τον χωρισμό μας τον πικρό,
Μέρα και νύχτα απορώ,
Δεν ξέρω πώς αντέχω.

Αμούστακος μας έφυγες
Μονάχος να παλαίψεις,
Τις γνώσεις σε μια ξένη γη,
Μακριά απ' της Μάνας τη στοργή
Θέλησες να μαζέψεις.

Περνούν τα χρόνια σα νερό
Και το μυαλό πλουταίνει,
Μα απ' την Πατρίδα τη φτωχή,
Πώς ξέχασε την Κατοχή!,
Όλο και ξεμακραίνει.

Τώρα που τ' άσπρα σου μαλλιά
Σε σκέπασαν σαν χιόνια,
Τώρα ρωτιέσαι, Σπουδαστή,
Ποιός το μπορεί να φανταστεί!,
Πού πήγανε τα χρόνια.

Απρίλη μούπες πως θα ρθείς
Και φτάσαμε Σεπτέμβρη.
Ελπίζω ν' ανταμώσουμε,
Τα λογικά πριν σώσουμε,
Κι η...νύχτα πριν μας εύρει.

ΤΩΡΑ, ΤΩΡΑ, ΤΩΡΑ...

Πενήντα χρόνια μάζεψα,
Που να το αποφασίσω,
Πως ήρθε η ώρα κι στιγμή
Τη ξένη γη να αφήσω.

Μακριά από τις ρίζες μου
Δύσκολη η ξενιτιά,
Που φύγανε **τώρα** τα νιάτα
Και φτάσανε τα γηρατειά.

Που τα μαλλιά **τώρα** ασπρίσαν,
Τα όσα μείνανε, μαθές,
Που δεν υπάρχει **τώρα** μέλλον
Κι είναι τα όνειρα το χθες.

Η λογική που μας αφήνει,
Που οι δυνάμεις λιγοστεύουν,
Που όλο τα πόδια μας πονάνε
Κι οι περισσότεροι χαζεύουν.

Που λιγοστά **τώρα** κοιμάμαι,
Που οργιάζουν οι ρυτίδες,
Που περπατώ με δυσκολία,
Που αφανιστήκαν οι ελπίδες.

Που της ζωής **τώρα** ο κύκλος
Πάει στον επίλογο να φτάσει,
Που αδυνατίσαν οι αισθήσεις,
Και που όλα τάχω δοκιμάσει.

Που επέστρεψα **τώρα**, όσα πήρα,
Απ' την μακρινή ετούτη χώρα,
Η λογική **τώρα** φωνάζει:
«Του γυρισμού αργά το **ΤΩΡΑ**».

ΣΤΑ ΠΛΟΚΑΜΙΑ ΤΟΥ ΧΘΕΣ

Ζω στο παρόν, και σένα σκέφτομαι.
Τον λόγο δεν τον ξέρω.
Πολλές φορές μου είσαι ευχάριστο
Και άλλες με κάνεις κι υποφέρω.

Τί ψάχνω για βρω μου είναι άγνωστο,
Δεν το καταλαβαίνω.
Τη μιά στιγμή στο «τώρα» ζω
Και ξαφνικά σε μονοπάτια μακρινά πηγαίνω.

Νάναι το «τώρα» που το βρήκα
Αλλιώτικο απ' ό,τι το φαντάστηκα,
Με κάνει για να νιώσω τα παλιά
Πως να τα αφήσω βιάστηκα;

Νάναι που τους παλιούς καιρούς,
Τα χρόνια τα φευγάτα
Τα βλέπω τόσο όμορφα
Γιατ' είχαμε τα νιάτα;

Νάναι που φεύγω στα παλιά
Κι ο νους μου τρέχει πίσω,
Να σβήσω τα παράλογα
Κι απ' την αρχή ν' αρχίσω.

Νάναι το παρελθον ,που το άφησα,
Και πήδησα σε αλλιώτικη μια χώρα
Με κάνουνε το χθες να τ' αγαπώ
Και να αγνοώ το «τώρα»;

Νάναι το που στερήθηκα
Πρόσωπα αγαπημένα,
Που να τα βρω, όπως τάφησα,
Ψάχνω στα περασμένα;

Νάναι του γυρισμού ο πόθος,
Που δίνει στη ζωή μου μιάν ελπίδα,
Τις σκέψεις μου θολώνει και με κάνει
Να ανακατεύω παρελθόν με την Πατρίδα;

Όποιος και νάναι ο λόγος, που με βάζει,
Στα χθεσινά συχνά να ταξιδεύω,
Η αλήθεια είναι μία, δεν αλλάζει:
Τα όνειρα του Αύριο
Στο Παρελθόν γυρεύω!

ΠΑΡΕ ΜΕ ΦΙΛΕ

Με λένε «Σ» και κατάγομαι απ' την Λαμία. Ζω στην Αμερική για πολλά τώρα χρόνια. Δεν θυμάμαι πόσα, έχω χάσει λογαριασμό. Ήρθα νέος κι έμαθα μιά τέχνη. Παντρεύτηκα νέος μια «τυχαία», που όταν την πρωτογνώρισα είχε τη μορφή αγγέλου. Στη σκέψη μου είχα πάντα την Πατρίδα και κάποιο είδος «γυρισμού», αλλά με τον καιρό κατάλαβα, πως κάτι τέτοιο θάτανε μάλλον αδύνατο. Τα οικονομικά μου δεν θα μου το επέτρεπαν. Η φλόγα, όμως, πάντα έκαιγε και καίει μέσα μου. Είχα πολλούς φίλους στην ελληνική τούτη παροικία, αλλά ξεχώριζα πάντα τον φίλο μου απ' το Γαλαξίδι, γιατί μέσα μας έτρεχε το Ρουμελιώτικο αίμα. Πολλές φορές καθόμαστε, μετά την Κυριακάτικη επίσκεψη στην εκκλησία, και μιλούσαμε για τα παλιά με τον φίλο μου τον Ρουμελιώτη. Μούλεγε για τα δικά του σχέδια και όνειρα και για το τι έκανε, για να εξασφαλίσει τον «γυρισμό». Τον ζήλευα! Τον ζήλευα, γιατί εγώ δεν είχα όνειρα. Κάθε φορά, που μούδινε «αναφορά» για την πρόοδο στα σχέδιά του, αισθανόμουνα χαρά γι' αυτόν και λύπη για μένα. Χωρίς να μπορώ να κρατήσω τα δάκρυα, τον κοίταγα στα μάτια και τούλεγα βουβά: «ΠΑΡΕ ΜΕ κι εμένα ΦΙΛΕ».
Με τον καιρό η κατάσταση μου χειροτέρεψε. Θέλησα να μεγαλώσω τα παιδιά μου, όπως μεγάλωσα κι εγώ, σαν ελληνόπουλα του παλιού καιρού. Ένα χαστουκάκι εδώ κι εκεί έκανε και κάνει καλό. Αλλά η «τυχαία» μου είχε άλλη γνώμη. Στο αυτόφορο, λοιπόν, μια νύχτα και στο κελί δυο-τρείς μέρες. Ακολούθησε «διάσταση» και τελικά διαζύγιο. Ούτε τα παιδιά

μου δεν μπορώ να ιδώ. Έτσι είναι οι νόμοι στην Αμερική. Τώρα είμαι για κλάματα. Δουλεύω καπου-κάπου και μπουκώνομαι στα χάπια. Το κρασί δεν έφτανε.
Έχω καιρό να ιδώ τον φίλο μου τον Γαλαξιδιώτη. Μαθαίνω, όμως, πως προχωρεί με τα σχέδιά του και κοντεύει να πραγματοποιήσει τα όνειρά του. Τον έχω στο μυαλό μου πάντα και πάντα του ψιθυρίζω «ΠΑΡΕ ΜΕ και μένα ΦΙΛΕ». Και ξέρω πως μ'ακούει:

> Φίλε, που άνοιξες πανιά,
> Στο «τότε» να γυρίσεις,
> Πάρε και τούτη την καρδιά
> Στης θάλασσας την αμμουδιά
> Να πας να την αφήσεις.
>
> Πάρε τις σκέψεις μου μαζί
> Στον τόπο , που τις έφκιαξα,
> Στον τόπο που έζησα παιδί
> Κι από του δέντρου ένα κλαδί
> Σαν το πουλί που πέταξα.
>
> Πάρε τα μάτια μου τα δυό,
> Τα δακρυποτισμέμα,
> Να τα στεγνώσουν με φιλιά
> Στης μάνας μου την αγκαλιά
> Πρόσωπ' αγαπημένα.
>
> Τα χείλια μου τ' αγέλαστα,
> Που πίκρα ποτιστήκανε,
> Να πάρουν γλύκα δανεικιά,
> Απ' την Πατρίδα τη γλυκειά,
> Που ν' αρνηθούν βιαστήκανε.

Τα κουρασμένα πόδια μου
Πάρτα να περπατήσουνε
Σε γνώριμη ακρογιαλιά
Να βρούν αγάπης μια φωλιά,
Τρελλό χορό να στήσουνε.

Τα ροζιασμένα χέρια μου,
Θάναι η φορά η πρώτη,
Με τα «παλιά» να σμίξουνε,
Το παρελθόν να αγγίξουνε,
Να φέρουνε τη Νιότη.

Το «είναι» μου πάρε ολάκερο
Και μάθε του το πώς
Να ζει στα μέρη, που αγαπώ,
Να βρει χαρά, να βρει σκοπό,
Ν' αφήσει το σκοτάδι για το φως.

Κι άσε με δω στην μοναξιά
Και μη με αναζητήσεις.
Χωρίς ψυχή, κουφάρι μόνο,
Μα λέφτερο από τον πόνο,
Που φέρνουνε οι αναμνήσεις.

Η ΠΕΤΡΑ ΑΠ' Τ' ΑΚΡΟΓΙΑΛΙ

Σ' αντίκρυσα πρώτη φορά
Αυγούστου μεσημέρι,
Σαν ορφανή καθόσουνα
Και σούλειπε το ταίρι.

Στην αμμουδιά στεκόσουνα,
Στα γαλανά νερά,
Σε χάιδευαν τα κύματα,
Μα σούλειπε η χαρά.

Το χέρι μου άπλωσα απαλά
Σε πήρα απ' τη φωλιά σου,
Σου μίλησα σαν ζωντανό,
Να ακούσω την λαλιά σου.

«Πάμε μαζί στην ξενιτιά
Να σε έχω συντροφιά μου
Στα χρόνια ,πούρχονται μπροστά,
Που ελπίζω νάναι λιγοστά,
Ήλιο στην συννεφιά μου.

Να μην μ' αφήνεις να ξεχνώ,
Όσο θα ζω στα Ξένα,
Τις μέρες πούμαστε φτωχοί,
Την πείνα και την Κατοχή,
Πρόσωπ' αγαπημένα».

Σαράντα χρόνια συντροφιά
Μούδινες την ελπίδα,
Την μυρουδιά της θάλασσας,
Κομμάτι απ' την πατρίδα.

Και τώρα, που του ήλιου το φως
Πάει να βασιλέψει,
Για συμβουλή σε σένανε
Το νου μου έχω στρέψει.

Στο μάτι σου, που αγρυπνά,
Το δάκρυ ξεχωρίζει.
(Ράγισε η πέτρινη καρδιά).
Σε όταν σε πρωτογνώρισα
Η σκέψη μου γυρίζει.

Πάλι χωρίς χαμόγελο,
Θλιμμένη σε θωρώ,
Κι ακούω στο νου μου μια φωνή:
«Η Ξενιτιά με κούρασε
Κι άλλο δεν την μπορώ!

Νοστάλγησα κρύο βοριά,
Μαγιάτικη λιακάδα,
Τη μυρουδιά του απόβρεχου,
Της όστριας τη φρεσκάδα.

Τον χιονισμένο Παρασσό.
Αη-Γιώργη κι Αψηφιά,
Το άλσος, τα γυμνά βουνά,
Πρωτόγονη ομορφιά.

Την αμμουδιά την φιλικιά
Και το γαλάζιο κύμα.
Το τέλος πούχει η ζωή
Στον ξένο τόπο να μας βρεί
Θάταν μεγάλο κρίμα...»

ΓΑΛΑΞΕΙΔΙ
(Η Στερνή μου αγάπη)

Πενηντα-ένα ήταν η χρονιά,
Που σαν αητός με άρπαξ' η ζωή
Απ' την ζεστή φωλιά.
Εσύ' σουνα παιδούλα
Κι εγώ είχα μαύρα τα μαλλιά.

Να μείνεις πίσω διάλεξες
Κι εγώ σε μέρη μακρινά
Να καταλήξω.
Όσα κι αν είδα, όπου κι αν πήγα
Τις αναμνήσεις μου δεν μπόρεσα να πνίξω.

Καινούργιες θάλασσες,
Σειρήνες παραλίες,
Τη λησμονιά μου δίνανε για δώρα.
Τα μάτια μου έκλεινα και σφράγιζα τ' αυτιά!
Μικρή η καρδιά κι άλλην αγάπη δεν εχώρα.

Και τώρα που τελειώνουν
Τα τρεχάματα,
Και πάει ο ιδρώτας να στεγνώσει,
Σαν τον ελέφαντα γυρίζει μια καρδιά
Αγάπη της στερνή για ν' ανταμώσει.

Οι σκέψεις να γεράσουμε μαζί
Σε κάνουνε βασίλισσα
Και μένα βασιλιά.
Εσύ στο απέναντι, στου Αη-Νικόλα,
Κι εγώ στην παραλία του Αη-Λιά.

ΦΕΓΓΑΡΑΚΙ ΜΟΥ

Σα βγαίνεις για σεργιάνι, ολοστρόγγυλο,
Και μου χρυσώνεις τα γκριζόχρωμα μαλλιά μου,
Σκλάβο με παίρνεις στο παζάρι το δικό σου,
Σκέψεις με ζώνουνε και χάνω τη μιλιά μου.

Σε μελετώ και ψάχνω για να μάθω
Τα μυστικά, που κρύβεις μες το νού σου,
Τα όσα βλέπεις απ' τον πύργο, που θρονιάστηκες,
Καταμεσής στο θόλο τ' ουρανού σου.

Και σου ζητώ για να μου πεις γι' αυτούς, που άφησα,
Που τα βουνά μου κρύβουνε τη θέα,
Και σε ρωτώ μη με ξεχάσανε τ' αδέρφια μου,
Κι η Μάνα μου αν είναι ακόμα νέα.

Και με κοιτάς και περπατάς και δεν μιλάς,
Μα τα διαβάζω, στην ματιά σου είναι γραμμένα
Τα χαιρετίσματα, που φέρνεις σιωπηρά,
Από όσους με σκέφτονται και σε ρωτούν για μένα.

Πώς σε ζηλεύω! Να μπορούσες να με πάρεις
Να περπατήσουμε μαζί χέρι με χέρι,
Να βλέπω αντάμα τα γνωστά, τα ξένα μέρη,
Να λησμονήσω και τα «Γειά σας» και τ' «Αντίο»
Για να μην νιώθω πως με μοίρασαν στα δύο..

ΕΝΑΣ...ΣΤΑ ΔΥΟ

Μοιρασμένος στα δυό
Στις Πατρίδες τις δυό
Στο καζίνο θα τρέξω,
Στην ρουλέτα θα μπώ
Με το νου μου θαμπό
Την ζωή μου να παίξω.

Η καρδιά στα παλιά
Και στα μαύρα μαλλιά,
Που ανθίζαν τα νιάτα,
Το κορμί μου στο τώρα,
Σε καινούργια μια χώρα,
Χελιδόνια φευγάτα.

Το παιγνίδι αν το χάσω
Τα παλιά θα ξεχάσω
Και στο τώρα θ' αράξω,
Μα αν το θέλει το ζάρι
Μακριά θα με πάρει
Νέα τροχιά να χαράξω.

Ό,τι η τύχη κι αν φέρει,
Το δικό μου τ' αστέρι
Κερδισμένο θα μείνει.
Η καρδιά θα σκληρέψει,
Λησμονιά θα γυρέψει
Το κορμί δεν θ' αφήνει.

ΤΟ ΚΑΠΕΛΟ ΚΙ Η ΠΕΤΣΕΤΑ

Το καπέλο κι η πετσέτα,
Τα τραγούδια στην κασέτα
Την ανάμνηση κρατάνε ζωντανή.
Καρτερώ και περιμένω
Και μ' υπομονή προσμένω
Απ' τα σύννεφα η πατρίδα να φανεί.

Το καπέλο θα αγγαλιάσω
Στην πετσέτα θα φωλιάσω,
Που, όταν φύγω, θα με κλάψει.
Το κεφάλι μου το θέλω
Συντροφιά με το καπέλο,
Που ο ήλιος μην το κάψει.

Το αγαπημένο τρίο
Και με ζέστη και με κρύο
Στα χαλίκια και στην άμμο,
Που στο κύμα τ' αφρισμένο,
Το «είναι» μου είναι μοιρασμένο,
Να γυρίσ' όρκο θα κάμω.

Το ρολόι θα σημάνει,
Χωρισμού η ώρα φτάνει
Και στη Δύση θα πετάξω.
Στο γαλάζιο τ' ουρανού
Και στις θύμησες του νου
Την χαρά να βρω θα ψάξω.

Το καπέλο στο ντιβάνι,
Η πετσέτα δεν μου... κάνει,
Να το «Αντίο», πάει το «Γειά σας».
Θα τσουγκρίσουμε ποτήρι
Με το γνώριμο ευχετήρι,
«Στην υγειά μου, στην υγειά σας».

ΤΟ ΔΩΡΟ ΜΟΥ
(Στη δεύτερη πατρίδα)

Όταν φύγω θα σ' αφήσω
Δώρο, χρόνια περασμένα,
Μ' όνειρα και προσδοκίες
Στο συρτάρι στιβαγμένα.

Χρόνια αγάπης, ξενοιασιάς,
Πούταν η ζωή τραγούδι,
Που στο πρόσωπο δεν είχα
Ούτε ίχνος από χνούδι.

Θα σου αφήσω μια καρέκλα
Αδειανή μπρος στο γραφείο,
Δυό κουτιά με άχρηστες κάρτες
Κι ένα αδιάβαστο βιβλίο.

Ένα πίνακα γεμάτο
Με καμπύλες, τριγωνάκια,
Με αριθμούς και εξισώσεις,
Δυό σελίδες με στιχάκια.

Θα σου αφήσω δυό βλαστάρια,
Που μου τα έκλεψε ο χρόνος!
Η γνωστή η ιστορία.
Ήρθα μόνος, φεύγω μόνος.

Μόνος, με τις αναμνήσεις
Τη ζωή μου να γεμίζω,
Να με παίρνουν απ' τον κόσμο,
Να θυμάμαι...να δακρύζω.

ΑΜΕΡΙΚΑ

Μάνα με απέραντη καρδιά
Μαζεύεις τα παιδιά σου,
Δεν τα ρωτάς αν ήτανε
Απ' τη γέννα τη δικιά σου.

Άσπρα, ξανθά, μαυριδερά,
Τσουκνίδες και λουλούδια,
Τα δέχεσαι να τραγουδούν
Τα ίδια τα τραγούδια.

Όλα τα αφήνεις λεύτερα
Το μέλλον τους να φκιάξουν,
Σανίδα για τους ναυαγούς,
Λιμάνι για να αράξουν.

Σε ευχαριστώ, που μούδουσες
Ζωή που δέν την είχα,
Κι ας πήρες απ' την κεφαλή
Και τη στερνή μου τρίχα.

Δεν φταις εσύ, που την καρδιά
Δεν μπόρεσες να κλέψεις,
Και με τα τόσα σου μάταια
Το νου μου να πλανέψεις.

Μούδωσες τόπο να σταθώ,
Στη χειμωνιά μαγκάλι!
Μικρός ο κόσμος της καρδιάς
Να θρέψει αγάπη κι άλλη.

ΓΙΑ ΤΗΝ ΠΑΤΡΙΔΑ ΜΟΥ

Γαλήνη νιώθω μέσα μου,
Που σ' αντικρύζω,
Ξεχνιέμαι χώρια σου σε ξένες γειτονιές,
Μα όλο γυρίζω.

Σαν τον μαγνήτη με τραβάει
Η ομορφιά σου,
Σε χαίρομαι με το βοριά, τον ήλιο σου,
Μα και τη συννεφιά σου.

Το κύμα σου το γαλανό
Με νανουρίζει.
Τα όνειρα παίρνουνε το νου,
Που πίσω φτερουγίζει,

Στα χρόνια, που σε κοίταζα στα μάτια
Και ξέχναγα τον χρόνο,
Που η συντροφιά σου έγειανε πληγές
Και γλύκαινε τον πόνο.

Στο ΤΟΤΕ, που αγάπη άλλη δεν είχα
Πιο πέρα από σένα!
Ξυπνάω στο ΤΩΡΑ και μισός εδώ,
Μισός στα Ξένα.

ΔΕΝ ΜΕ ΠΕΡΙΜΕΝΕΣ

Ήλιε μου μη χασομεράς,
Μέρες τις νύχτες κάμε,
Για να γυρίσω γρήγορα
Στην Μάνα μου, που αγαπώ,
Μαζί ψωμί να φάμε.

Κάμε τις ώρες σου στιγμές
Ρολόι το χεριού μου,
Για να χαρούνε δυό καρδιές,
Σε φεγγαρόλουστες βραδιές,
Την ώρα του ερχομού μου.

Κι όμως, εσύ με γέλασες,
Που είπες θα περιμένεις,
Ώσπου να ειπώ το «Έχε Γειά»
Και λησμονήσω τη θωριά
Κάποιας πατρίδας ξένης.

Έφυγες ένα σούρουπο,
Καταραμένο χρόνο,
Που την καρδιά μου ράγισες,
Τα δάκρυά μου στράγγισες,
Και με άφησες στον πόνο.

Και νάμαι τώρα μοναχός,
Πληγές στα γηρατειά μου,
Η μιά που με παράτησες
(Τον λόγο σου δεν κράτησες)
Και η άλλη η ξενιτιά μου.

ΤΑ ΜΑΤΙΑ ΤΗΣ

Με πλάνεψαν της Ξενιτιάς
Τα μάτια της τα δύο,
Τότε ,που σου είπα το «Έχε-Γειά»,
Τότε ,που σου είπα «Αντίο».

Σαν τα είδα που αλλοιθώριζαν
Κι έβλεπε το ένα τ' άλλο,
Τότε που το κατάλαβα
Το σφάλμα μου μεγάλο.

Μα ήταν αργά, ως φαίνεται,
Τώρα καλά γνωρίζω,
Σαν «έπιασα» τα μάτια μου,
Κι εγώ να αλλοιθωρίζω.

ΣΤΗΝ ΜΙΚΡΗ ΜΟΥ ΠΑΤΡΙΔΑ

Ταξίδεψα ταξίδια μακρυνά,
Οι ρίζες μου δεν πιάσανε στην πέτρα,
Βρήκα δροσιά και ήλιο από νωρίς,
Στην μακρινή την χώρα την πλανεύτρα.

Δεν χώραγα, Πατρίδα μου Μικρή,
Ο αέρας σου δέν έφτανε για μένα,
Και ζήτησα να πάρω αναπνοή
Σε ξένα δάση, σε λιβάδια ξένα.

Έκαμα φίλους τις αγνώριμες φωνές,
Μέρη πρωτόγνωρα και θάλασσες αγρίμια,
Ψεύτικο πράσινο του δέντρου οι φυλλωσιές,
Να κρύψουνε του κόσμου την ασχήμια.

Μα ίσως, πάλι, και να έφταιξα εγώ,
Και πότισα τόσες καρδιές φαρμάκι,
Αφού εδιάλεξα τον δρόμο τον πλατύ,
Απ' το δικό σου το φτωχό, στενό σοκκάκι.

Και τώρα στις στερνές μου τις στιγμές,
Είτε δικό μου, είτε δικός σου λάθος νάναι,
Γίναν οι ρίζες μου ατσάλινα σκοινιά
Και στα νερά σου πίσω με τραβάνε.

ΠΟΡΤΕΣ ΚΛΕΙΣΤΕΣ.

Πόρτες κλειστές,
Παράθυρα κλειστά,
Και ένα χελιδόνι
Τη σκέψη μου πήρε στα φτερά,
Την έκαμε χαρά,
Την έφερε σε κλίματα ζεστά,
Που πόνος δε φυτρώνει.

Τη σκέψη έκαμε κλειδί
Στα μέρη πούζησα παιδί,
Πλημμύρισ' η «φωλιά» μου από κύμα,
Μακριά η σάρκα μου. Τί κρίμα!

Η ΣΥΝΑΝΤΗΣΗ
(Πατέρα και κόρης)

Βρέθηκα κάποιο βραδυνό
Κάπου μακριά απ' την Πατρίδα,
Είχα τη σκέψη για οδηγό,
Είχα για βάρκα την ελπίδα.

Κι η σκέψη έφκιαξε μορφή,
Κι είδα μπροστά μου μιά οπτασία,
Κι είπα: «Για κοίτα, φίλε μου,
Το τί σου πλάθει η φαντασία!!».

Και ξάφνου χάθηκε η μορφή
Στην παρακάτω τη γωνία,
Και τρέχει ο νους μου στα παλιά,
Πούσουν παιδούλα στα θρανία.

Μα! Νάτη πάλι! Ζωντανή
Η γνώριμη κορμοστασιά σου,
Το πρόσωπό σου το γλυκό,
Η νιότης σου, η λεβεντιά σου.

Το όνειρο βγήκε αληθινό
Και έσβησε την οπτασία,
Και πήρες σάρκα και οστά,
Ζωντάνεψες τη φαντασία.

Μου άναψες πάλι τη φωτιά
Στην παγωνιά της μοναξιάς μου
Βροχούλα στο στεγνό μου αγρό,
Χρυσή πηγή της ζεστασιάς μου.

Σε αυτά τα χρόνια τα στερνά,
Σε τούτα τα «χρυσά» τα χρόνια,
Φέρε μου τούτη τη χαρά
Να μείνει στη ζωή μου αιώνια…!

ΔΑΚΡΥΖΩ..

Δακρύζω, που έφυγα μικρός,
Απ' τη γλυκιά πατρίδα,
Πώς μεγαλώσατε και πώς μεγάλωσα,
Ούτε εσείς το είδατε
Ούτε κι εγώ το είδα.

Δακρύζω για της Νιότης τη ζωή,
Που πέρασε χωρίς να τήνε ζήσω,
Δακρύζω, που ο νους μου
Με απάτησε σαν μούλεγε,
Πως για το σήμερα
Δεν πρέπει να νοιαστώ,
Γιατί διπλά θε να χαρώ
Με το καλό σαν στην Πατρίδα θα γυρίσω.

Δακρύζω, για τα όνειρα που έκανα
Πενηντατόσα χρόνια,
Δακρύζω για όσους φίλους φύγανε νωρίς,
Και δεν επρόλαβαν να δούνε και εγγόνια.

Δακρύζω, που μας γέλασε η ζωή,
Μας έκαμε αλλοιώτικους
Και χώρια δρόμους πήραμε,
Εκεί που νομίζαμε, πως ίδιους θα μας άφηνε,
Ενώ στα χρόνια τα παλιά και τα φτωχά,
Ο ένας μάσαγε κι ο άλλος εκατάπινε.

Δακρύζω για στερνή φορά,
Τώρα που το κατάλαβα,
Πως ό,τι και να κάνουμε,
Της μοίρας μας ήταν γραφτό
Χώρια να ζήσουμε
Και χώρια να πεθάνουμε.

ΤΟ ΠΑΛΙΟ «ΒΙΟΛΙ»

Έχω ένα παλιό «βιολί»,
Που το αγαπώ πολύ,
Και το «παίζω» κάθε τόσο,
Και στιχάκια σχηματίζω,
Που τις σκέψεις καθρεφτίζω,
Μια χαρά και μια τη λύπη να σας δώσω.

Είναι σήμερα Δευτέρα,
Τρέχει το μυαλό πιό πέρα,
Γυρισμού που φτάν' η ώρα,
που πενηντατόσα χρόνια
Με καλοκαιριά και χιόνια

Στο μυαλό μου κάθε μέρα,
Που είναι κάτι σαν το δείπνο!
Με δυό λόγια πιστικά,
Όλα τα άλλα τα ταξίδια,
Της καρδιάς, πούταν παιγνίδια,
Ήταν σαν ορεκτικά.
Είναι τα όμορφα όνειρά μου
Πούχα πάντα στην πλευρά μου
(Μην ταράζεις να νερά μου
Και ξυπνήσω από τον ύπνο).

Είναι η μέρα, που θα στήσουμε χορό,
Θ' αγκαλιάσουμε το κύμα,
Θα χαρώ και θα δακρύσω, μα είναι κρίμα,
Που την Μάνα δε θα βρώ.

ΣΤΟΧΑΣΜΟΙ ΚΑΙ ΙΣΤΟΡΙΕΣ

ΘΕΛΩ

Θέλω να φτάσω
Πάνω από ενενήντα
Με διαύγεια του νου
Και να φαίνομαι εξήντα.

Θέλω να νιώσω,
Όπως νιώθαμε παιδιά,
Που πελαγώναμε
Στην αμμουδιά.

Θέλω να ζήσω
Εκεί, που γεννήθηκα,
Πούφυγα μικρός
Και το στερήθηκα.

Θέλω να βλέπω
Ανθρώπους, που ξέρω.
Τους έφυγα νιός
Με βλέπουνε γέρο.

Θέλω να ακούω
Τη γλώσσα του τόπου μου
Και να απολαύσω
Τα φρούτα του κόπου μου.

Τότε θα ξέρω
Στον κόσμο τον άλλονε
Τον κόσμο π' άφησα
Δεν θα τον κλαίω,
Γιατί τον έζησα.

ΑΫΠΝΙΕΣ

Η πρώτη του ανθρώπου η αμαρτία
Μέχρι το τέλος μας παιδεύει.
Η γηρασμένη σάρκα μου μάταια προσπαθεί
Λίγη γαλήνη για να βρει
Και κάποιου αόρατου εχθρού η φωνή
Την ζωντανεύει.

Προτού καλα-καλά αρχίσει
Ο νους στα όνειρα να πλανιέται,
Ο φίλος μου ο Νίδυμος,
Πριν ο αλέκτωρ μια φορά λαλήσει,
Ψυχρά με απαρνιέται.

Ορθάνοιχτα τα μάτια μου τα δύο
Με φως τρυπάνε το πηχτό σκοτάδι,
Κι οι σκέψεις μου στριμώχνονται στο νου,
Όλες την πρώτη θέση για να πάρουν.
Ατίθασο κοπάδι!

Σε ποιόν τις σκέψεις να τις δώσω;
Στους ζωντανούς; Ή σ' όσους μας αφήσανε;
Σε ό,τι έγινε παλιότερα,
Ή σε ό,τι πάει να γενεί;
Σ' αυτούς που κάναν τον κουφό
Ανάγκη, όταν τους είχαμε,
Ή σε όσους μας ακούσανε;

Στα μέρη, που έζησα μικρός,
Ή σε όπου ζω το τώρα;
Στις μέρες , που ένιωσα χαρά,
Ή στης ζωής τη μπόρα;

Γυναίκα, αδέρφια, συγγενείς,
Παππού, γιαγιά και φίλους,
Πατρίδα, ξενιτιά, στο χτες και σήμερα
Και στους πιστούς μου σκύλους;
Πατέρα, μάνα, γιό και κόρη;
Μπερδεύτηκαν οι σκέψεις με το
λάλημα,
Που αρχίσαν οι κοκόροι.

Θαυμάζω την ταχύτητα του νου,
Που γρήγορα πηδάει απ' το ένα στ' άλλο.
Με τυραννάει, όταν σταματά
Σε κάτι τόσο δα μικρό,
Που βλέπει για μεγάλο.

Τάξη να βάλω, συνοχή στις σκέψεις
Προσπαθώ, μα δεν τα καταφέρνω.
Με πιάνει πανικός.Τον νου ν' ακουλουθήσω
Δεν μπορώ κι απ' το κρεβάτι
Το κορμί μου σέρνω.

Κοιτάζω τη ζωή στο φως,
Ξεχνιέται ο νους με τούτα και με κείνα,
Με εγκαταλείπει ο πανικός
Και ξαναμπαίνω στην ρουτίνα.

Το φως της μέρας σώνεται όσο πάει
Κι ο «φίλος» πονηρά χαμογελάει.
Με παίρνει στα όνειρά μου τα χρυσά,
Μα στα κρυφά μ' αφήνει στα μισά.
Και μένω μοναχός να συνεχίσω
Και το παιγνίδι με τον νου να ξαναρχίσω...

Η ΤΑΜΠΕΛΑ ΜΕ ΤΟ ΧΑΜΟΓΕΛΟ

Το καλοκαίρι του 1994 επισκέφθηκα την γενέτειρά μου, το Γαλαξείδι. Το σπίτι μας είναι δίπλα στη θάλασσα, που για να κολυμπήσω δεν είχα παρά να περπατήσω γύρω στα πενήντα μέτρα. Την παραλία μπροστά στο σπίτι, αν και δεν μας ανήκει, την είχα πάρει κάπως υπό την «προστασία» μου και την πρόσεχα, ώστε να είναι πάντα καθαρή από χαρτιά και πλαστικά, που, δυστυχώς, έχουν βρωμήσει τόσες και τόσες όμορφες ακρογιαλιές της Ελλάδος. Πριν φύγω, μια και δεν θα ήμουν εκεί πια, για να εκτελώ το καθημερινό καθάρισμα της παραλίας, έφκιαξα μια μικρή ταμπέλα πούλεγε «ΚΡΑΤΑΤΕ ΤΗΝ ΠΑΡΑΛΙΑ ΚΑΘΑΡΗ» και ζωγράφισα δίπλα και το γνωστό χαμογελαστό πρόσωπο, ένα κύκλο με δυό τελείες για μάτια κι ένα πλατύ χαμόγελο. Η ταμπέλα έμεινε όρθια για

μερικές βδομάδες, ώσπου μια μέρα κάποιος την έσπασε. Η αδελφή μου, τύπος συναισθηματικός, την μάζεψε με μάτια δακρυσμένα, την έδεσε κάπως μ' ένα σπάγγο και την ξανάστησε.
Το περιστατικό τούτο μου ενέπνευσε το ακόλουθο:

    Μονάχη στην ακρογιαλιά
    Έμοιαζε με σταυρό,
    Μα είχε καρδιά, είχε ψυχή
    Στα σωθικά της θησαυρό.

    Η αγάπη, που της έδειξε,
    Ο «άνθρωπός» της, πούφυγε,
    Την έκανε να νιώσει
    Ο Παντοδύναμος Θεός
    Πνοή της είχε δώσει.

    « Είμαι κοπέλα», έλεγε,
    «Η Κόρη του γιαλού».
    Χαιρότανε και γέλαγε.

    Τα φύκια πήρε απ' το βυθό
    Και τάβαλε μαλλιά.
    Το πρόσωπό της δροσερό,
    Τα χείλη για φιλιά.

    Ψηλή, πόδια καλλίγραμμα,
    Τα στήθια σαν μπαλόνια,
    Φωνή αγγέλου, που έμοιαζε
    Κελάιδισμα απ' αηδόνια.

Τα μπράτσα της χυτά από καλούπι,
Τα χέρια της με δάκτυλα σαν κρίνα,
Γαλανωπά τα μάτια της τα δύο.
Θυμάμαι βουρκωμένα με κοιτούσαν,
Που φεύγοντας τους έλεγα ΑΝΤΙΟ.

Καθότατε μονάχη μέρα νύχτα,
Απ' την ανατολή του Ήλιου ως το δείλι,
Φύλακας στη γωνιά, πούταν δικιά της,
Παρθενικό χαμόγελο στα χείλη.

Και πρόσεχε και φρόντιζε
Τα πάντα καθαρά,
Τα βότσαλα, τα κύματα,
Τα γαλανά νερά.

Ακίνητη στεκότανε και διάταζε
Στον τρόπο τον δικό της.
Απόλυτη υπακοή με το χαμόγελο,
Πούταν το μυστικό της.

Μα ξάφνου ένα δειλό κι άπονο χέρι
Στου δειλινού την ησυχία,
Της πήρε την ελπίδα απ' την καρδιά,
Της στέρησε την ευτυχία.

«Μή με πληγώνεις», έσκουξε
Με μάτια απ' τον φόβο ορθανοιγμένα.
«Ό, τι κι αν κάνω ολημερίς είναι για σένα.
Μή με σκοτώνεις.

Ποιός το δικαίωμα σου δίνει;
Πρέπει να ζήσω, το έταξα
Στον «άνθρωπό» μου,
Κι εκείνος μου υποσχέθηκε,
Πως γρήγορα θα ξαναρθεί
Μακρύτερα να μείνει».

Κανείς θνητός στα κοντικά
Ν' ακούσει την κραυγή της.
Μόνο το κύμα αγρίεψε, πετάχτηκε
Με την αρμύρα του νερού
Κι έπλυνε την πληγή της.

Πεσμένη στη γωνιά, πούταν δικιά της,
Πνιγμένη στα νωπά αναφιλητά της,
Καλεί τον «άνθρωπό» της σε βοήθεια.
Πολύ μακριά ν' ακούει τα βογγητά της.

Σα θαύμα του Θεού ένα μεσημέρι
Βοήθεια παίρνει από γνώριμο ένα χέρι.
Τα δάκρυά τους σμίξανε,
Τον θάνατο παλεύουν,
Βάλσαμο γίναν, την βαθειά
Πληγή της την γιατρεύουν.

Με πατερίτσες, μα μ' ελπίδες στην καρδιά,
Μόνη και πάλι στην γωνιά, που ήταν δικιά της,
Κάθεται φύλακας η Κόρη η λαβωμένη.
Ξεθωριασμένο το χαμόγελο απ' τον πόνο,
Που την επότισε ο ΑΔΙΑΦΟΡΟΣ ΡΩΜΙΟΣ,
Τον «άνθρωπό» της να γυρίσει περιμένει.

ΟΙ ΑΧΑΡΙΣΤΟΙ
(Για τους Ολυμπιακούς του 1996)

Μας έπλασε ο Θεός αλλιώτικους,
Να κάνουμε έργα, που μας δίνουν αθανασία,
Με δίψα για τη γνώση και το σκέψιμο,
Την γλυπτική και την φιλοσοφία.

Του «γνώθι σαυτόν» το νόημα διδάξαμε,
Προς τα ιερά την δύναμη του σέβεσθαι,
Πατριωτισμό με το «ΟΧΙ» που φωνάξαμε,
Την σημασία του «εκλέγειν» και «εκλέγεσθαι».

Τους μάθαμε το σώμα να γυμνάζουνε,
Κι ο ένας ενάντια στον άλλον να μετριώνται,
Στα ανεξήγητα ποτέ να μην τρομάζουνε,
Να ερευνούν, να μελετούν, ν' αναρωτιώνται.

Τους δώσαμε τα φώτα που δεν είχανε,
Και ζούσαν στο σκοτάδι τόσα χρόνια,
Τους δείξαμε, σαν άρρωστοι γιατί βήχουμε,
Κι απ' το νερό πως γίνονται τα χιόνια.

Τους εξηγήσαμε τα αστέρια πώς δεν πέφτουνε,
Το γιατί έχουμε την νύχτα και τη μέρα,
Γιατί οι πάπιες τα φτερά τους δεν τα βρέχουνε,
Κι ο νους για να γεννάει χρειάζεται...αέρα.

Τους είπαμε το μυστικό, που τους βασάνιζε,
Πως βασιλεύει ο ήλιος και που πάει.
«ΕΥΡΗΚΑ-ΕΥΡΗΚΑ», το ξέρω το γιατί,
Το ανθρώπινο σώμα, αν και βαρύ, μπορεί και κολυμπάει.

Κι αφού τον νου μας τον στραγγίσαν σαν σφουγγάρι,
Στις ικεσίες μας ποτέ δεν συγκινήθηκαν.
Και τελευταία μας στερήσαν την χαρά
Να γιορτασθούν τα ΕΚΑΤΟ των Ολυμπιακών
Στον τόπο που τους φκιάξανε, στον τόπο που γεννήθηκαν.

ΠΡΙΝ ΧΤΥΠΗΣΟΥΝ ΟΙ ΚΑΜΠΑΝΕΣ

Σ' αυτό τον κόσμο, που μας φέρανε,
Κανείς ποτέ δεν ρώτησε,
Αν θέλαμε να ρθούμε.
Κι όταν θα φτάσει η ώρα μας
Να πούμε το «συγχώρα μας»
Πάλι κανένας δεν ρωτά
Από τον κόσμο,που είμαστε , αν θέλουμε
Να απογκυστρωθούμε.

Πάνω που συνηθίζουμε
Στου πάνω κόσμου τα καμώματα,
Και χρόνια έχουμε μπροστά, νομίζουμε,
Ακούμε ξάφνου μια φωνή να μας διατάζει:
«Είναι καιρός το τελευταίο σου Αντίο
Για να πεις,
Την τελευταία σου χαρά
Για να γευτείς,
Ήρθε ο καιρός να σε σκεπάσουνε τα χώματα.

Ήρθε η ώρα σου να φύγεις και να πας
Άλλους που φύγανε πριν σένα
Να τους σμίγεις.
Μόνος σου ήρθες στη ζωή ένα πρωινό
Και μοναχός το δειλινό θα φύγεις.

Ήρθε η ώρα σου ν' αφήσεις
Τούτη τη γη, που την επότισες με ιδρώτα
Και με αίμα.»
Τί γρήγορα που πέρασε η ζωή!
Ήταν σαν χθες, που σούδωσαν πνοή,
Σου φαίνεται σαν ψέμα.

Τρομάζεις με τις σκέψεις, που σε πνίγουνε,
Η αρχή σου με το τέλος σου, που σμίγουνε
Και χώρο δεν αφήνουνε για σένα.
Διπλός ο τρόμος σε καμπόσους από μας,
Που φάγαμε τα νιάτα μας στα ξένα.

Ο πόνος σου στις ύστατες στιγμές
Είναι, που δεν θα βλέπεις κει που πας
Τα γνώριμά σου πρόσωπα,
Τα έμψυχα και άψυχα
Τα τόσα που αγαπάς.

Μα κάνε σκέψη αλλιώτικη:
Πάρτο, πως όλοι φεύγουνε
Και μόνο συ θα μείνεις πίσω
Για να ζήσεις.
Τότε θα καταλάβεις το χειρότερο
Και δεν θα το θελήσεις.

«Καλύτερα», θα πεις, «να φύγω εγώ
Κι άσε τους άλλους πίσω για να μείνουνε.
Ο πόνος μου θα ήταν πιό βαρύς,
Αν έμενα εγώ να ζω κι άλλοι να μ' αφήνουνε».

(Σημ.: Εμπνευσμένο απ' το «Συναξάρι της Αγάπης» της Κατερίνας Λεβαντή, δημοσιευμένο στην Εφημερίδα «Το Γαλαξείδι», αριθ. Φύλλου 509, Ιανουάριος 1995)

ΟΝΕΙΡΑ ΚΙ ΟΝΕΙΡΑ

Όνειρα βλέπεις στον ύπνο,
Όνειρα βλέπεις στο ξύπνιο!
Κι όλα τα όνειρα είναι τα ίδια
Και είναι της ζωής.... στολίδια.

Στου ύπνου τα ονείρατα
Βλέπεις καινούργιους τόπους,
Σενάρια παράξενα
Και άγνωστους ανθρώπους.

Κι αφού ξυπνάς ευρίσκεσαι
Στα γνώριμα σου μέρη,
Όπου και αν εταξίδεξες
Θα φύγει με τ' αγέρι.

Και κάτι τι παρόμοιο
Του νου σου το προνόμιο,
Που μ' όνειρα παλεύει
Και ξύπνιο σε παιδεύει.

Από μέσα σου φεύγει,
Ταξιδεύει, πλανιέται,
Φαντασίες και σκέψεις,
Να γυρίσει ξεχνιέται.

Όνειρα πλάθει
Για τα χρόνια που φτάνουν,
Μ' ευτυχία λογίζεται
Την ζωή σου θα ράνουν.

Όλα σου τα βλέπει
Ξένοιαστα και ρόδινα,
Με αιθέριους ουρανούς,
Ομαλά και ανώδυνα.

Μιά...ωραία πρωία
Των ονείρων τα χρόνια,
Που τα νόμιζες θάταν
Του Απρίλη αηδόνια,

Τα φτερά έχουν μαύρα,
Καρακάξες σωστές,
Πιό μεγάλος ο πόνος
Κι οι χαρές λιγοστές.

Τα όνειρά σου τα θάβει
Της ζωής η αλήθεια!
Φαντασίες του νου
Της γιαγιάς παραμύθια.

Και ξυπνάς, ξαφνικά!
Τα παλάτια στα όνειρα
Δεν μπορείς να τα χτίσεις.
Και ευρίσκεσαι εκεί,
Όπως ήσουνα πρώτα,
Πριν τα όνειρα αρχίσεις.

ΑΠΟΝΕΣ ΣΚΕΨΕΙΣ

Σκέψεις, γιατί με τυραννάτε;
Τούτη την ψυχή δεν την πονάτε;
Μέσα μου μπαινοβγαίνετε,
Μα δεν με συμβουλεύετε σαν πρώτα,
Τώρα που οι φωνές απομακρύνονται
Και χαμηλώνουνε τα φώτα.

Πάντα σας φέρθηκα σωστά.
Σας πρόσεχα, σας έδωσα
Και σάρκα και οστά.

Σας είχα πάντα στη ζωή μου για τιμόνι,
Και τώρα η σκέψη,
Πως καθόλου δεν με σκέφτεσθε,
Καρδιά μου την πληγώνει.

Στα χρόνια τα νεανικά
Τον νου μου, που κατείχα,
Πάντα στη σκέψη μου σας είχα.
Και τώρα που αρχίζει και σαλεύει,
Κι ο ήλιος που αρχινά να βασιλεύει,
Χωρίς σωστές τις σκέψεις δεν αντέχω,
Τώρα που το μυαλό μου δεν κατέχω.

Λίγη συμπόνια δείξτε και στο φίλο σας,
Που σας υπηρέτησε πιστά, σαν νάταν σκύλος σας
Κάντε τον να πιστέψει η ζωή
Γλυκειά πως είν' ακόμα,
Για να την ζει, όπως την ζούσε στα παλιά,
Αντί να καρτερεί να βγει η ψυχή απ' το στόμα.

ΤΟ ΤΡΑΙΝΟ ΚΙ ΕΓΩ

Σαν φίδι σέρνεται ο «καρβουνιάρης»
Κι αγκομαχά στην ανηφόρα.
Κουράστηκε απ' τα τόσα χρόνια,
Το χτες του φαίνεται σαν τώρα.

«Ταχύτητα» η μοντέρνα λέξη,
Περνά η ζωή με «βιάσου-βιάσου»,
Καιρό δεν έχουν για κουβέντα,
Με το στανιό σου λένε «γειά σου».

Τα ψάρια λιγοστά στις τράτες,
Χάθηκαν απ' τα κλαδιά τ' αηδόνια,
Στρώσαν το χώμα με τσιμέντο,
Ξερές οι γλάστρες στα μπαλκόνια.

Βρώμιες οι θάλασσες, τα βράχια,
Βρώμιος ο ήλιος, βρώμιοι οι δρόμοι,
Κι έμεινες μόνος, χωρίς πελάτες
Με τροχοφόρα κι οι ταχυδρόμοι.

Πως δεν σε θέλουν, κατάλαβέ το!
Γύρισε πίσω, πάρε και μένα,
Το μόνο φίλο σου, κι αγάλι-αγάλι
Να πάμε αντάμα στα περασμένα....

ΧΡΙΣΤΟΥΓΕΝΝΑ

Ετοιμασίες! Προσδοκίες!
Με κάποια αόριστη χαρά,
Ψώνια, τρεχάλες, αγρυπνίες,
Μας τρώνε όλον τον παρά.

Δέντρα, στολίδια, ρεβεγιόν,
Φώτα, τραγούδια, φασαρία,
Λεωφορεία, Γιώτα-Χι,
Ουρές που μοιάζουν με πορεία.

Και πριν καλά το καταλάβεις,
Πάν' οι γιορτές κι οι συγκινήσεις,
Φεύγουν οι «ξένοι» με το κέφι,
Μόνος σου με τις αναμνήσεις.

Άδειο το αισθάνεσαι το σπίτι,
Άδεια σου φαίνεται η ζωή,
Τα όνειρα σβήσαν με τ' αστέρια,
Κόσμος βουβός, χωρίς πνοή.

Ανθρώπινα τα αισθήματά μας,
Στάσου για λίγο και θ' αλλάξουν
Κι άσπρο θα ιδείς στα ξαφνικά,
«Γλυκειά η ζωή», θα σου φωνάξουν.

Θα σηκωθείς απ' την καρέκλα,
Ψηλά θα υψώσεις το κεφάλι,
Ετοιμασίες! Προσδοκίες!
Κι απ' την αρχή θ' αρχίσεις πάλι...

ΦΘΙΝΟΠΩΡΟ
(Σε παραλιακό χωριό διακοπών)

Ψυχρός ο αγέρας,
Τραγούδι πένθιμο σφυρίζει.
Ψυχρή η καρδιά,
Στερνά «αντίο» ψιθυρίζει.

Τα φύλλα κίτρινα,
Απ' τα δέντρα πέφτουν σαν μαλλιά,
Και ξεσκεπάζουν
Μιας καρδερίνας τη φωλιά.

Αφρός το κύμα,
Πούμεινε μόνο να θυμάται,
Κρύφτηκε η βάρκα
Λες και την μοναξιά φοβάται.

Φεύγει ο «ξένος»,
Φεύγει κι ο φτερωτός μας φίλος,
Φεύγουν αγάπες
Και μένει μόνος του κι ο σκύλος.

Άδειοι οι δρόμοι,
Το καφενείο, η ταβέρνα,
Βουβές οι νότες,
Αραχνιασμένη η λατέρνα.

Τα ψάρια χάνονται,
Τ' αγκίστρι στο καλάμι μόνο,
Πεινάει ο γλάρος,
Πρόσωπα αλλιώτικα απ' τον πόνο.

Κλάμα η βροχή,
Τη γη μουσκεύει, που αχνίζει,
Τ' άρωμα χώμα
Τη ματαιότητα, που θυμίζει.

Κι εγώ σκυφτός
Μες του Φθινόπωρου το χρώμα,
Μονολογώ:
«Πόσα Φθινόπωρα ακόμα»;

ΑΝΟΙΞΙΣ

Καρδιές, που μέναν σφραγιστές
Απ' τον βοριά, απ' τα χιόνια,
Τα φυλλοκάρδια **ανοίγουνε**
Για να καλωσορίσουνε
Τα πρώτα χελιδόνια.

Κλειστό μπουμπούκι πούκριβε
Στα στήθεια μυστικό,
Ανοίγει ο ήλιος να το ιδεί,
Μελίσσι να καλοδεχτεί,
Κοπάδι νηστικό.

Το σύννεφο στον ουρανό
Παράθυρα **ανοίγει,**
Να ιδεί ο ήλιος τούτη τη γη,
Στο φώς να δώσει προσταγή
Τα επίγεια να σμίγει.

Τα παγωμένα κύματα
Τον κόρφο τους ζεσταίνουνε
Κι **ανοίγουνε** την αγκαλιά,
Για να σκεπάσουν με φιλιά
Τον κόσμο που ομορφαίνουνε.

Του ουρανού οι τραγουδιστές
«ανοίγουν» τη λαλιά τους,
Με νότες πλημμυρίζουνε
Τα δέντρα και τ' ανθίζουνε
Ξέμακρα απ' την φωλιά τους.

Κι ο νους, που τον ενάρκωσαν
Σκοτάδια και χειμώνες,
Τα μάτια του **ορθανοιχτά**
Να βλέπει τη ζωή σωστά,
Λιβάδια με ανεμώνες.

ΧΩΡΙΣ ΠΑΤΕΡΑ

Αναλογίζομαι τα τόσα που έμαθα
Και τα κατάλαβα πέρα για πέρα,
Μα ένα με .. γέλασε! Ποτέ δεν έμαθα
Το τί εστί νάχεις Πατέρα.

Πατέρα άκουγα, μα δεν τον έβλεπα
Νάχω παράδειγμα ζωή να φκιάξω,
Στο πώς να σκέπτομαι, στο πώς να φέρομαι,
Με τις φτερούγες μου, πώς να πετάξω.

Κι όταν κατάλαβα, πως δεν θα γύριζε,
Μόνος μου κοίταξα να βρώ τη στράτα,
Σκοτάδια δίαβηκα, με ήλιο τα φώτισα,
Μα, ώσπου να φτάσω, φύγαν τα νιάτα.

Στα δυό βλαστάρια μου, όλα τους τα έδειξα,
Κι όλα τα μάθανε μέρα τη μέρα,
Μα ένα τους... γέλασε! Ποτέ δεν νιώσανε,
Πώς μεγαλώνουνε χωρίς Πατέρα.

ΜΑΜΑ ΜΙΑ

Απ'την στιγμή, που βλέπει ήλιο το μωρό
Δεν έχει αμφιβολία πιά καμμία,
Για ένα εννιάμηνο στο ίδιο το κελί,
Η ΜΑΜΑ, δηλαδή, πως είναι ΜΙΑ.

Πατέρες μπορεί νάχει δυό και τρεις,
Άλλους εδώ και άλλους στη Λαμία,
Στη φύση ενάντια δύσκολα για να πας,
Η ΜΑΜΑ είναι η μόνη πούναι ΜΙΑ.

Όταν θ' ανοίξει τα δικά του τα φτερά,
Θα ζήσει κάποτε και δύσκολες στιγμούλες.
Θα νοσταλγήσει μια αγκαλιά απ' τα παλιά,
«Μανούλα μου» θα πει, κι όχι «Μανούλες».

Πλούτη, καριέρα θα τα κάνει με καιρό,
Τίτλους, συντρόφους κι ίσως και ζωή κοσμία,
Θ' ακολουθήσουν και τα τέκνα, κάνα δυό,
Αλλά η ΜΑΜΑ θάναι πάντα μόνο ΜΙΑ.

Πάντα στην ΜΑΜΑ σεβασμό του συνιστώ,
Τη συμβουλή αυτή ν' ακούει με προθυμία,
Σήμερα εδώ και αύριο αλλού
Κι η ΜΑΜΑ από το ΜΙΑ στο ΚΑΜΜΙΑ.

ΔΩΡΟΝ ΑΔΩΡΟΝ

Μιά ζωή μου στήσανε
Και δεν με ρωτήσανε,
Αν την καλοδέχομαι
Σύντροφο στο δρόμο μου,
Φύλακα στον τρόμο μου,
Κι αν θα την ανέχομαι.

Μιά ζωή μου δώσανε
Και μου την φορτώσανε
Στον κυρτό μου ώμο,
Και δεν με πληρώσανε,
Που μου την φορτώσανε
Σύμφωνα με νόμο.

Όλους τους παράδες,
Βρε τους μασκαράδες,
Μόνος θα τους κάμω.
Όρθιος για λίγο
Ευτυχία σμίγω,
Πιό πολύ το χάμω.

Και την κουβαλάω,
Όπου και να πάω,
Μόνο δεν μ' αφήνει,
Και δεν με πονάει,
Και με τυραννάει,
Κι όλο μου την «δίνει».

«Φύγε, δεν σε θέλω,
Πάρε το καπέλο
Και το πανωφόρι.
Μούταξες λιακάδες,
Ανθόσπαρτες πεδιάδες
Μα όλο στο ανηφόρι».

ΤΗΣ ΖΩΗΣ ΜΟΥ ΤΟ ΔΑΚΡΥ

Της ζωής μου το δάκρυ,
Που στου κόσμου την άκρη,
Αδερφή κι αδερφός μου,
Δεν μου δείχνει συμπόνια
Και πριν φτάσουν τα χιόνια
Μου θαμπώνει το φως μου.

Του μυαλού κάθε σκέψη
Ένα δάκρυ θα στέψει,
Που ζωντάνια της δίνει
Και ανθίζει λουλούδι
Της καρδιάς μου τραγούδι,
Που στον πόνο το ντύνει.

Αδικία κι απάτη,
Κουρασμένε διαβάτη
Την ζωή σου την κλέψαν.
Τον ιδρώτα σου πήραν,
Με το σπόρο σου σπείραν
Τους καρπούς σου τους δρέψαν.

Τί να ιδώ να μην κλάψω
Και τον πόνο να πάψω;
Ο χειμώνας μακραίνει!
Ζαρωμένα κορμιά,
Του προσώπου ασχημιά
Μόνο η θύμηση μένει.

Νέοι βγαίνουν στο δρόμο
Με της φύσης τον νόμο,
Που μας βγάζει απ' τη μέση.
Τα λογικά μας αφήνουν,
Όσα κάμαμε σβήνουν
Και μας παίρνουν τη θέση.

Κι ο δικός σου ακόμα
Θα πηδήσει απ' το κόμμα
Και την πλάτη θα στρέψει,
Για στερνή σου ευχή.
Στο Θεό Προσευχή.
Το μυαλό να σαλέψει!

ΤΑ ΚΑΝΤΗΛΙΑ

Σειρα-σειρά καντήλια αραδιασμένα
Λάμπουν, όσα μπροστά από μένα.
Σβησμένα, όσα πίσω μου απομένουν,
Πνοή από στόμα αόρατο προσμένουν.

Τα κοντινά ακόμα ψυχομαχάνε,
Γονατιστά της γης το χώμα προσκυνάνε.
Στερνή φωνή τους ένας θόρυβος βραχνός,
Τ' απομεινάρια της ψυχής τους ο καπνός.

Ανήμπορος βοήθεια να τους δώσω,
Τη φλόγα τους ξανά να δυναμώσω,
Δυό δάκρυα απ' τα μάτια μου τους δίνω
Της εγκατάλειψης τον πόνο καταπίνω.

Βαρειά η καρδιά μου, που η φλόγα τους μ' αφήνει,
Πικρή μια σκέψη το κουράγιο που μου δίνει.
Στο νου μου βλέπω τα ουράνια τα χρυσά τους
Σβηστό καντήλι, όπου κι εγώ ανάμεσά τους.

ΤΟΥ ΛΥΤΡΩΜΟΥ Η ΩΡΑ

Ο νους με πάει άθελα
Στου λυτρωμού την ώρα,
Την ώρα, που ανταμώνουνε
Η αρχή μας με τα τώρα.

Δεν την φοβάμαι τη στιγμή,
Που μας στερεί το μέλλο,
Μια, μόνη μου, παράκληση
Να φτάσει, όπως το θέλω.

«Φθινόπωρου ένα σούρουπο,
Που ο ήλιος βασιλεύει,
κι η νύχτα πέφτει σιωπηρά
Το φως της μέρας κλέβει.

Το κύμα σαν πανόραμα
Στο μάτι το στεγνό μου
Να νανουρίζει την ψυχή
Στον ύπνο τον στερνό μου.

Κι η αύρα απ' τον Κρισαϊκό
Με άρωμα απ' το θυμάρι,
Την κοιμισμένη μου ψυχή
Μαζί της να την πάρει».

ΣΕ ΘΥΜΑΜΑΙ

Σε θυμάμαι, όπως ήσουνα μικρή,
Τα μαλλιά σου απ' τον αέρα σκορπισμένα,
Τα ματάκια σου δυό σπίθες όλο φως,
Που απ' τον ύπνο εκαθότουσαν πρισμένα.

Τα ποδάρια σου αδύνατα σαν «τσάκνα»,
Ίσο στήθος, σαν πεδιάδα Θεσσαλίας,
Σε θυμάμαι, που περπάταγες στην τάξη,
Κάπου εκεί στην λεωφόρο Αμαλίας.

Ένα δόντι απουσίαζε απ' τη «μόστρα»,
Με χαμόγελο ένα σου έλειπε ακόμα,
Που ντρεπόσουνα στον κόσμο να τα δείχνεις,
Με το χέρι σου εσκέπαζες το στόμα.

Μεγαλώσαμε και χώρια δρόμο πήραμε,
Εγώ στα Ξένα, εσύ στα μέρη τα παλιά,
Σε σκεφτόμουν καπου-κάπου, προς το Πάσχα,
Και μουρμούριζα: «Πού νάναι η Πασχαλιά;!»

Έχω τώρα ένα χρόνο στην Πατρίδα,
Σ' είδα χτες κάπου στο κέντρο της Αθήνας,
Πρόσωπο νεανικό, δίχως ρυτίδα,
Στη θαμπή τη τζαμαρία μιας βιτρίνας.

Και με κοίταξες κι εσύ. Τί καδιοχτύπι!
Λες να πέσανε σε αγάπη δυό γερόντια;!
Σε θυμήθηκα, όπως ήσουνα μικρή,
Χαμογέλασες και σου έλειπαν δυό δόντια.

ΣΤΗΝ ΚΑΡΕΚΛΑ ΤΟΥ ΓΡΑΦΕΙΟΥ

Όσο κι αν θέλω να σ' αφήσω
Να μείνεις αδειανή και μόνη,
Το ξέρω, μες το νου θα σ' έχω
Τώρα το Αντίο ,που σιμώνει.

Πρωι-πρωί με «Καλημέρα»
Μου κάνεις χώρο να καθήσω,
Τα κόκκαλα να ξαποστάσω,
Το ξέρω θα σ' αναζητήσω.

Σύντροφο σ' έχω όλη μέρα,
Δεν έχω μυστικά από σένα,
Μουσκεύεις με τα δάκρυά μου
Που φέρνω με του νου την πέννα.

Τώρα οι δρόμοι μας χωρίζουν,
Άλλος αφέντης θα σε πάρει,
Εσύ καινούργιο...πισινό
Κι εγώ ρετσίνα κεχριμπάρι.

ΜΟΝΑΞΙΑ

Μου είσαι πιστή σαν το σκυλί
Με ήλιο και μπόρα,
Όπου κι αν ψάξω θα σε βρω
Στο χτες, στο τώρα.

Με περιμένεις στη γωνιά
Στην κάμαρά μου,
Μόνος πιστός μου σύντροφος,
Μόνη χαρά μου.

Πόσο ζηλεύεις σαν με δεις
Μ' άλλες να τρέχω!
Με θέλεις μάτια μοναχά
Για σένα να έχω.

Βασίλισσα σε προσκυνώ
Σε χρυσό θρόνο,
Φοβάμαι μη στα γειρατιά
Μ' αφήσεις ...μόνο!

Η ΑΛΛΗ

Πήγα κι απόψε στα παλιά
Τα στέκια που ανταμώναμε,
Στον ίδιο χτύπο δυό καρδιές,
Καρδιές που θα πληγώναμε.

Με βήμα αργό κατέβηκα
Τα τρία σκαλοπάτια,
Κόμπος ο πόνος στο λαιμό
Και δάκρυα στα μάτια.

Δυο-τρείς μισές παρέα μου
Το παρελθόν να πνίξω,
Μα η θύμησή της με έκανε
Παλιές πληγές ν' ανοίξω.

Σα φάντασμα με ξάφνιασε
Στην πέρα τη γωνιά,
Μούσκεψε ο ιδρώτας το κορμί
Κι ένιωσα παγωνιά.

Με κοίταξε αδιάφορα
Και στου ποτού τη ζάλη
Σούφρωσε τα χειλάκια της
Και φίλησε μιαν...άλλη.

ΦΩΝΕΣ

Άδειο το σπίτι, τέσσερις τοίχοι
Και μοναχός,
Ρούχο στην πλάτη, γεμάτη η τσέπη,
Μα είμαι φτωχός.

Φωνές, ξεφάντωμα, παιδιών τα γέλια
Στ' αυτιά βουίζουν,
Το νου πλουτίζουν πρόσωπ' αγγέλων
Που φτερουγίζουν.

Μπροστά στο τζάκι γλώσσες οι φλόγες
Που μου μιλάνε,
Και ...παραμύθια για ό,τι είχα κι έχασα
Μου μολογάνε.

Ό,τι κι αν έχω, πίσω θα το έδινα
Να ταξιδέψω,
Στα χρόνια που άφησα, φωνές και όνειρα
Να ζωντανέψω.

Μες το Χειμώνα μονάχος, κόμπο
Τον πόνο δένω,
Κοιτάω στους τοίχους φωτογραφίες
Και..περιμένω!

ΓΑΛΑΞΕΙΔΙ
(...σε άλλη σκέψη)

Τρανή και άσπρη μια φωλιά
Για τρία...γέρικα πουλιά.
Πετάξαν τα ξεπεταρούδια
Πήραν μαζί χαρές τραγούδια.

Στο ένα παράθυρο φως φωτίζει,
Καρδιά ουρανός, που ψιχαλίζει.
Το Ραδιόφωνο φίλος μουγκός,
Ζητάω σανίδα σα ναυαγός.

Άδειες οι κάμαρες, βεράντες,
Τρία βρακιά χωρίς τιράντες.
Σιωπή στο κιόσκι, μόνη η σούβλα,
Κι άκαπνα του τζακιού τα τούβλα.

Δυο-τρείς καρέκλες φωλιασμένες,
Σαν εραστές αγκαλιασμένες,
Παρέα το τραπέζι μόνο,
Χαρβαλιασμένο από τον χρόνο.

Η σκάρα η φρεσκοπλυμένη
Σ' άσπρη σακκούλα τυλιγμένη,
Ψάρι προσμένει να αγκαλιάσει,
Ψάχνει καρδιές να αγαλλιάσει.

Μόνο το κύμα, τα χαλίκια,
Σκεπάσαν το βυθό τα φύκια
Χορταριασμένο μονοπάτι,
Πούχει καιρό να ιδεί διαβάτη.

Ξένος ντουνιάς στα καφενεία
Κι ο νους μου τρέχει στα θρανία,
Πούμουνα φίλος σου και συ σε μένα
Τώρα δεν ξέρουμε κανένα.

Νιώθω πουλί φυλακισμένο
Κι από τη σκέψη κουρασμένο.
Το μέλλον πάω για να διαβάσω,
Μα αν με ρωτήσεις, που θα φτάσω,
Ό,τι κι αν πω θα σε γελάσω!

ΠΛΑΝΕΥΤΗΚΑ ΚΑΙ ΔΙΑΛΕΞΑ

Με πότισες γάλα γλυκό
Το χάδι σου το μητρικό,
Για αντάλαγμα σε πότισα φαρμάκι.
Σε ξένα δίχτυα έμπλεξα,
Πλανεύτηκα και διάλεξα
Τον δρόμο τον φαρδύ απ' το σοκάκι.

Ξεχάστηκα στο σήμερα
Στα μάταια, στη χίμαιρα
Και μπήκα στον αγώνα τον πεζό.
Τη σκέψη μου τη λάθαιψα
Και μ' έκανε και πίστεψα,
Πως η ζωή ήταν μονάχα το να «ζω».

Στο νέο κόσμο πέρασα
Και τη ζωή μου κέρασα
Με το κρασί, πούταν της λησμονιάς.
Τη Ξενιτιά αγάπησα,
Μες τα λευκά την έντυσα
Μ' ένα χλωρό κλωνάρι λεμονιάς.

Και τώρα στο χειμώνα μου,
Λουλούδι μου, ανεμώνα μου,
Που δίψασα, μου έδωσες νερό.
Την αγκαλιά σου μου άνοιξες,
Κι ένα θρεφτάρι μου έσφαξες
Να με δεχτείς σαν «άσωτο υιό».

Τ' ΑΓΡΙΟΛΟΥΛΟΥΔΑ
(Στο μικρό μου αδελφο πούφυγε πριν χρονιάσει)

Σα θάλασσα σκεπάζετε,
Πολύχρωμα στρωσίδια,
Λιβάδια χέρσα, απέραντα,
Στο πάτωμα στολίδια.

Αγνά γεννιέστε, αμόλυντα
Σαν τα παρθένα κρίνα
Από χέρι ανθρώπου άγγιαχτα
Στης Άνοιξης το μήνα.

Σας τρέφει ο ήλιος, η βροχή
Ο καθαρός αέρας
Και λίγο χώμα στην πλαγιά
Μητέρα και Πατέρας.

Μα ζήτε τόσο βιαστικά,
Πρωί ως το μεσημέρι,
Χρώμα και άρωμα χάνετε
Πριν έρθει Καλοκαίρι.

Και σύ, μικρέ μου αδερφέ,
Σαν ένα αγριολούλουδο,
Μα φύτρωσες Χειμώνα,
Και πριν την ώρα σου έφυγες,
Και δεν το μπόρεσα να ιδώ αν ήσουνα
Ζουμπούλι ή Ανεμώνα.

Μα τώρα, που στο νου μου τριγυρίζουν,
Λιβάδια ουράνια το θρόνο μου να στήσω,
Ποιός ξέρει, αν είναι η πίστη μου σωστή
Θα το μπορέσω, τελικά, να σε γνωρίσω.

ΤΑ ΔΥΟ ΠΑΡΑΘΥΡΑ

Στο ένα παράθυρο ο Ήλιος γεννιέται,
Στο άλλο παράθυρο τελειώνει η μέρα,
Και μια ψυχή συνεχώς τυραννιέται,
Σφηνωμένη γερά στης ζωής της τη ξέρα.

Το ένα παράθυρο όλο φως και μαγεία,
Το άλλο παράθυρο στο σκοτάδι πνιγμένο,
Το ένα παράθυρο όλο ελπίδα και γέλιο,
Το άλλο παράθυρο στη μιζέρια ντυμένο.

Πώς να γινόταν να μπορούσα να βλέπω
Τη ζωή απ' το παράθυρο, που στον ήλιο λουσμένο,
Και το άλλο, το σκότεινο, που τελειώνει η μέρα,
Να κρατούσα ολοσφράγιστο, να κρατούσα κλεισμένο.

Μα η μοίρα μου το έχει ανοιχτά και τα δύο,
Και στη μέση εγώ, που σαν σβούρα γυρίζω,
Μια στο ένα, μια στ' άλλο, μια χαρά και μια λύπη,
Μια σκοτάδι, μια φως τη ζωή μου γεμίζω.

ΕΙΜΑΙ ΤΗΣ ΟΡΘΟΔΟΞΙΑΣ

Κάποια δύναμη υπάρχει
Μες το νού μας,
Που γεμίζει το σκοτάδι
Του κενού μας.
Άλλοι την καλούνε Αλλάχ
Και άλλοι Βούδα,
Κι άλλοι ρίχνουνε την πίστη
Σε άσπρη Αρκούδα.

Οι αρχαίοι πρόγονοί μας
Δωδεκάδα,
Κι οι περιφερειακοί τους
Μιάν αρμάδα.
Είχαν Αθηνά και Δία,
Ήφαιστο κι Ερμή,
Απόλλωνα και Αφροδίτη
Λιγερό κορμί.

Άλλοι «είδωλα» λατρεύουν,
Κι άλλοι χρήμα,
Κι άλλοι «άδειοι» στης ζωής τους
Κάθε βήμα.
Για άλλους σύριγγα ο Θεός τους
Που πιστεύουνε,
Που την κάθε τους σκουτούρα
Την... γιατρεύουνε.

Αλλά εγώ,
Είμαι άνθρωπος αξίας,
Είμαι της Ορθοδοξίας,
Ο Θεός μονάχα ένας,
Δεν υπάρχει άλλος κανένας.
Τον δικό μου τον «σωστό»
Τον βαφτίσανε Χριστό.

ΤΟ ΚΑΤΙ ΜΟΥ

Στα χρόνια, που το μπόραγα,
Και μύριζα λουλούδια
Και ξύπναγα με όνειρα
Με ελπίδες και τραγούδια,

Επάσχιζα και πάλευα
«Κάτι» για να πετύχω,
Και πήδαγα με δρασκελιές
Κάθε εμπόδιο τοίχο.

Και έδωσα της νιότης μου
Το πιο όμορφο κομμάτι,
Για ν' αποκτήσω, τελικά,
Το άγνωστο αυτό το «κάτι».

Και τώρα, που το απόκτησα,
Το ομολογώ με λύπη,
Πολλά κενά τριγύρω μου,
Όλο και «κάτι» λείπει!

ΔΕΝ ΜΠΟΡΕΣΑ

Έκανα όνειρα πολλά,
Που δεν σου τάχα πει,
Και μείνανε να καρτερούν
Στου νου τη σιωπή.

Κοντά σου έλεγα να ρθω
Πλάι σου να καθήσω,
Για να μου πεις ποιά ήσουνα,
Κι ακόμα να ρωτήσω,

Πώς άρχισες, που έφτασες,
Πώς πέρασες τα χρόνια,
Ευτύχησες, δυστύχηχες;
Κι αν χάρηκες τ' αηδόνια.

Ν' ακούσω λόγια απ' τα παλιά,
Να μάθω τα «δικά» σου,
Που τόσα χρόνια τα έκρυβες
Βαθειά στα σωθικά σου.

Μα ήταν της τύχης μου γραφτό
Τ' όνειρο να μην ζήσω,
Έφυγες ένα σούρουπο
Προτού να σε «γνωρίσω»!

Η ΚΥΡΙΑ ΑΠΟΥΣΙΑΖΕΙ

Τί να το κάνω πούρχομαι
Στο μητρικό σπιτάκι,
Αφού είναι άδειο το κλουβί,
Στην πόρτα ένα χαρτάκι,

Που με δυό λόγια τυπικά,
Που την καρδιά σπαράζει,
Δηλώνει καταφατικά:
«Η κυρία απουσιάζει».

Τ' ΑΔΕΡΦΙΑ

Φτωχός στην ύλη ο καρπός,
Τρέχει το ίδιο αίμα.
Στο πνεύμα πλούσιος ο καρπός
Και ξύπνιο είναι το βλέμμα.

Αντάμα μεγαλώσαμε
Δεμένοι με τη φτώχεια,
Χώρια μας έσπρωξε η ζωή,
Σεπτέμβρη, πρωτοβρόχια.

Αντάμα λίγο το ψωμί,
Χώρια γελάει η μοίρα.
Τα χιόνια με σκεπάσανε
Πίσω το δρόμο πήρα.

Αντάμα πάλι στα παλιά
Να ζωντανέψ' η φαμιλιά
Κι ο ένας στον άλλονε κουράγιο για να δίνει,
Μα με τα χρόνια, που περνούν,
Αλίμονο σε κείνονε,
Που «τρίτος» θ' απομείνει.

Ο ΑΝΘΡΩΠΟΣ

Βοή στα σπλάχνα ακούγεται
Κάποιου μωρού το κλάμα,
Κραυγή το κλάμα γίνεται
Το ανθρώπινο το δράμα.

Βλαστάρι αρχίζει η ζωή,
Απάτητο το χιόνι.
Τραγούδι, αγέρας στο μυαλό
Τη σκέψη του θολώνει.

Ξυπνάει από το όνειρο
Κι εχθρός η ζωή τον ζώνει.
Βρώμικο, ποδοπάτητο
Το χιόνι που σιμώνει.

Τα λογικά του φεύγουνε
Μα η θύμηση του μένει.
Κρύο νερό ήταν η ζωή,
Τη ρούφηξε σταλιά-σταλιά,
Μα η δίψα παραμένει!

ΚΥΜΑ ΚΙ ΑΝΘΡΩΠΟΣ

Την έγνοια τούδωσε ο Θεός
Της θάλασσας τη ράχη να χαϊδεύει,
Κατάρα τούδωσε ο Θεός
Την ύπαρξή του κάθε μέρα να παιδεύει.

Το κύμα κάτι σαν άνθρωπος,
Που όλο θυμό, το στόμα του αφρισμένο.
Κάτι σαν κύμα ο άνθρωπος,
Άγριο πρόσωπο, βλέμμα μελανιασμένο.

Άψυχο κύμα, πιό καλό το ριζικό σου.
Σήμερα χάνεσαι, μα το αύριο σε φέρνει.
Πρόσκαιρα είναι τα επίγεια για μας,
Τα ζούμε σήμερα και το αύριο μας παίρνει.

ΕΥΤΥΧΙΑ

Τα μάτια σου άνοιξε τα δυό
Και κοίτα τη ζωή μας τη μπαμπέσα
Μέσα απο ανθόσπαρτους αγρούς,
Απ' τα λουλούδια μέσα.

Ρίξε το βλέμμα πέρα απ' τα βουνά,
Τις μέρες μην πικραίνεις,
Σύντομη είναι η ζωή
Κι άλλο μην την μικραίνεις.

Τα μάτια σου άνοιξε τα δυό
Και κοίτα τη ζωή μέσ' απ' τα αστέρια,
Τα τόξα τα ουράνια άρπαξε
Και κράτα τα γερά στα δυό σου χέρια.

Τα μάτια σου άνοιξε τα δυό
Κι άσε το φως τους τις στιγμές σου να φωτίσει,
Η ευτυχία τώρα ανήκει και σε σέ,
Πριν η ζωή σου πάρει δρόμο για τη δύση.

ΤΟ ΟΝΕΙΡΟ ΣΟΥ

Έπεσα να κοιμηθώ
Στο δικό σου το κρεβάτι,
Κι όταν έκλεισα το μάτι
Έψαξα να ιδώ
Της ζωής το όνειρό σου,
Στο κρεβάτι το δικό σου.

Και σε βρίσκω στο σκοτάδι,
Νιώθω μητρικό ένα χάδι,
Μ' ένα όνειρο νεκρό,
Με παράπονο στα μάτια,
Μούγινε η καρδιά κομμάτια,
Και χαμόγελο πικρό.

ΜΗΝ ΠΕΡΙΜΕΝΕΙΣ

Μην περιμένεις τα λουλούδια σου στη γλάστρα
Να μαραθούν,
Μην περιμένεις και τον ήλιο σου κα τα άστρα
Να σου χαθούν.

Μην περιμένεις το σκοτάδι να σου κλέψει
Το λίγο φως,
Και μην αφήνεις την καρδιά να μαραζώνει
Πόθος κρυφός.

Να ζεις σα νάχεις στη ζωή σου μόνο «ΤΩΡΑ»
Κι όχι «ΑΥΡΙΟ»,
Αφού για Σέριφο τραβάς, μα ίσως να φτάσεις
Μέχρι το Λαύριο.

...ΚΑΙ ΤΕΛΙΚΑ..

Γεννιέσαι και παιδεύεσαι,
Φκιάχνεις, χαλάς, μπερδεύεσαι,
Ανηφοριές, κατηφοριές,
Λύπες, χαρές, παρηγοριές,
Διαφωνείς και συμφωνείς
Και λες και λόγια ανείπωτα
Και τελικά στο τίποτα.

Δυο-τρείς γραμμούλες τυπικές
Διαβάζουμε, όσοι μένουμε,
Για το στερνό ταξίδι:
«Ο τάδε απεβίωσε κάπου αλλού
Και πήγε να θαφτεί στο Γαλαξείδι».

Κι οι ζωντανοί
Εις το καθήκον μας καλούμεθα
Και τους οικείους του
Θερμά τους συλληπούμεθα.

Απεβίωσε στην Αθήνα και κηδεύτηκε στο Γαλαξείδι η συμπολίτισσα Γαρυφαλιά Γ. Πορτούλα. Τους οικοίους θερμά συλλυπούμεθα

(Εφημερίδα «Το Γαλαξείδι», Αύγουστος 1997)

ΤΟ ΤΕΛΕΥΤΑΙΟ ΑΝΤΙΟ

Ήταν σαν τώρα, που σου είπα το «Έχε
Γειά»,
Και πως θα ερχόμουνα ξανά Αύγουστο μήνα,
Λίγη ελπίδα, που μου έδωσε φτερά
Δυο-τρία λόγια από μια ξανθειά γιατρίνα.

Το λόγο, που έδωσα, τον κράτησα για σένα,
Κι ήρθα τον Αύγουστο, πούναι γλυκά τα σύκα,
Πικρά στο στόμα μου εκείνη τη χρονιά,
Αφού εσένανε στο «πόστο» σου δεν βρήκα.

Τώρα κατάλαβα, τα δάκρυά σου εκείνα,
Που πλημμυρίσανε τα μάτια σου τα δύο,
Βουβή φωνή, π' άκουσε μόνο η καρδιά,
Ήταν σαν νάλεγαν το τελευταίο Αντίο!

«Στη Μνήμη της»

ΜΑΡΑΜΕΝΟ ΕΝΑ ΛΟΥΛΟΥΔΙ

Ένα ρόδο όλο δροσιά
Δίπλα στη φωτογραφία,
Προσπαθώ να σου μιλήσω,
Μα δεν δίνεις σημασία,
Με το βλέμμα καρφωμένο
Στην καρδιά μου σφηνωμένο.

Το ρολόι γύρω στις πέντε
Του Ιούλη δεκαπέντε,
Στη ματιά σου ένα δάκρυ,
Στου ντουνιά τούτου την άκρη,
Η ψυχή σου είναι που βγαίνει
Στα ουράνια που αναβαίνει,
Το κορμί σου να ησυχάσει,
Το μυαλό σου να ξεχάσει.

Μαραμένο ένα λουλούδι
Δίπλα στην φωτογραφία,
Το στερνό σου το τραγούδι,
Μα δεν δίνεις σημασία....

ΔΕΝ ΤΟ ΧΩΝΕΨΑ

Κρύβουν οι νυχτιές τον ήλιο,
Και και οι μέρες το φεγγάρι
Κι απ' τα βάθη της καρδιάς μου
Βγαίνει σαν ένα συναξάρι

Το τραγούδι, που μ' αλλάζει
Του προσώπου μου το χρώμα,
Κι ας περάσαν τόσα χρόνια
Δεν το χώνεψα ακόμα,

Σύνορα δεν έχει ο χρόνος,
Όσο κι αν περνούν οι ώρες,
Και ο ήλιος ξαναβγαίνει,
Φεύγουν συννεφιές και μπόρες,

Τα λουλούδια ξεπροβάλουν,
Σαν το χιόνι είναι φευγάτο,
Και μια μέρα θα μπορούμε
Να τα...βλέπουμε από κάτω.

ΠΟΥ ΕΙΣΑΙ....

Πού είσαι Νιότη πούκανες
Το νου μου να πλαταίνει,
Στη φαντασία ανήμπορο
Να βάλει χαλινάρι,
Τραβούσε τον ανήφορο..

Πού είσαι δάκρυ ,που ανέβαινες,
Και μου έκαιγες τα μάτια,
Λιγάκι πριν το λιόγερμα,
Στον ήχο της καμπάνας.

Γιάννης Πορτούλας

ΟΜΟΡΦΗ ΠΑΡΑΛΙΑ ΜΟΥ

Μετά από τόσα δάκρυα,
Μετά από τόσα γέλια,
Δεν ξέχασα τόσον καιρό
Της νιότης τα «κουρέλια».

Μετά από λύπες και χαρές,
Να! Είμαστε πάλι «ένα»,
Του γυρισμού τα όνειρα
Δεν πήγανε χαμένα.

Εσύ κι εγώ κι ίσως και δυό
Σκουπίδια παραπέρα,
Σαν νάταν και μου φόρεσες
Της παντρειάς τη βέρα.

Όμορφη Παραλία μου,
Ατόφια η φιλία μου!

Γιάννης Πορτούλας,

ΕΦΥΓΕΣ

Έφυγες με το λιόγερμα
Και ρούφηξες το φως.
Δεν ήταν το «που» έφυγες,
Αλλ' ήτανε το «πώς».

ΞΥΠΝΑΩ ΜΕ Τ' ΑΣΤΡΑ

Ξυπνάω με τ' άστρα της νυχτιάς
Τραβάω τα μονοπάτια μου,
Πλανιέται ο νους στα χθεσινά,
Δακρύζουνε τα μάτια μου,

Για μια ψυχή, που έφυγε,
Στον ουρανό σημάδι,
Στο νου μου ένα «κάρβουνο»,
Που γίνηκε διαμάντι!

ΤΑ «ΤΡΑΓΟΥΔΙΑ» ΤΑ ΔΙΚΑ ΜΟΥ...ΤΑ ΔΙΚΑ ΣΟΥ

Στα «τραγούδια» μου, που γράφω,
Σκέτα λόγια, λόγια απλά,
Τη ζωή μου περιγράφω,
Γεγονότα καταγράφω,
Απ' τον κόσμο του δικού μου μαχαλά.

Τα «τραγούδια» τα δικά σου,
Έχουν βάθος, έχουν πάθος,
Λίγες λέξεις διαλεγμένες,
Απ' τα στήθεια σου βγαλμένες,
Μούβαλαν γυαλιά στα μάτια
Και με κάμανε κομμάτια,
Τα «τραγούδια» τα δικά σου.

Τα «τραγούδια», που σου λέω,
Πεζά λόγια, λόγια απλά,
Στα παλιά ξαναγυρίζω,
Που τα μαύρα μου τ' ασπρίζω
Και τα λίγα μου τα βλέπω για πολλά.

Τα «τραγούδια» τα δικά σου,
Κρύβουν δράμα, κρύβουν κλάμα,
Λόγια λίγα, που ανεβαίνουν
Ως τα χείλη σου, μα μένουν
Και δεν βγαίνουν, δυστυχώς,
Και τα νιώθεις μοναχός,
Τα «τραγούδια» τα δικά σου.

Δε λυπάμαι για τη Νιότη,
Τότε μούμαστε παιδιά,
Πούταν λεύτερος ο νους μας
Να πετάει στους ουρανούς μας,
Αφού τη Νιότη κρύβω μέσα στην καρδιά.

Στα «τραγούδια» τα δικά σου,
Που ο κόσμος σου τα ζει,
Ρίξε φως και δώσε ανάσα,
Πριν μας βάλουνε στην κάσα
Να τα νιώσουμε μαζί!

ΜΑΤΑΚΙΑ ΓΑΛΑΝΑ
(Στο εγγονάκι μου)

Μάτια, ματάκια, μάτια μου,
Ματάκια γαλανά,
Σας το έχω ειπεί πολλές φορές
Θα σας το ειπώ ξανά.

Σαν φεγγαράκια λάμπετε,
Μου φέγγετε στη στράτα,
Που ήμουν σκύλος στη ζωή
Και η ζωή μια γάτα.

Τώρα τη νιώθω φίλο μου,
Που ένα απαλό σας χάδι,
Φέρνει το φως στις νύχτες μου
Και παίρνει το σκοτάδι.

Τώρα τη βλέπω όμορφη
Κι η σκέψη μες το νου μου
Πήρε άλλο δρόμο κι άλλαξε
Το χρώμα του ουρανού μου.

ΠΡΟΟΔΟΣ

Αλλάζουνε οι εποχές,
Από Άνοιξη Χειμώνα,
Ασπρίζουνε τα βότσαλα,
Φουντώνει η «ανεμώνα».

Αλλάζουν οι συνήθειες,
Τα έθιμα, τα ήθη,
Κι οι ιστορίες οι παλιές
Ακούγονται σαν μύθοι.

Ο κόσμος ένας γίνεται,
Χάνονται οι διακρίσεις,
Την ιστορία σου να βρεις
Ψάχνεις στις αναμνήσεις.

«Μα εγώ κρατάω ζωντανές παλιές εικόνες,
Σα μυστικό μου, που κανένας δεν θα δει,
Όλα τα γύρω μου αλλάξανε μορφή,
Κι εγώ έμεινα παιδί!»

ΣΤΗΣ ΑΥΛΗΣ ΜΟΥ ΤΟ ΠΕΥΚΟ
(Σεισμός της Πάρνηθας, Σεπτ. 1999,
ολική καταστροφή κατοικίας)

Σ' αντικρύζω με τις πράσινες βελόνες σου,
Π' αγναντεύω το τοπείο απέναντί μου,
Κι αν μου κρύβεις λίγη θέα, δεν πειράζει.
Να μπορούσα να σε έπαιρνα μαζύ μου!

Σε θυμάμαι τόσο δα μικρό σαν θάμνος,
Που με κοίταζες στα μάτια σαν παιδί μου,
Σε καμάρωνα, σου μίλαγα, σε χάιδευα,
Της φαμίλιας μου του δέντρου ένα κλαδί μου.

Και μεγάλωνες μαζί με τα «βλαστάρια» μου,
Μα τις ρίζες σου ποτέ σου δεν το σκέφτηκες
Να τεντώσεις, σ' άλλα μέρη να ωριμάσεις,
Και το διάλεξες να μείνεις εκεί που βρέθηκες.

Μόνο ο χρόνος θα μας χώριζε, σκεφτόμουνα,
Που σαρώνει ό,τι βρει καθώς περνάει,
Που δεν σέβεται φιλίες και αισθήματα,
Μας μαραίνει, μας πονά και μας γερνάει.

Μα ο Εγκέλαδος τον χρόνο τον επρόλαβε.
Του αντιστάθηκες, του στάθηκες σαν βράχος,
Αλλά σε λίγο, που θα ψάχνεις να με δεις,
Θα νιώσεις, πως απόμεινες μονάχος!

ΔΕΝ ΕΙΜΑΙ ΓΩ...

Δεν είμαι γω που σούταζα
Μαρμάρινα παλάτια,
Κι είχα μονάχα τη ματιά
Για τα δικά σου μάτια.

Δεν είμαι γω που σούλεγα
Με σένα θα γερνούσα,
Δεν είμαι γω που πόναγες
Για σένα που πονούσα.

Δεν είμαι γω που πίστευα
Στα όνειρα του νού μου,
Και σε είχα για μοναδικό
Αστέρι του ουρανού μου.

Δεν είμαι γω το «τώρα» μου
Που χάνοταν στο «τότες»,
Και την καρδιά μου γέμιζαν
Οι αγάπες μου οι πρώτες.

Μούδωσε άλλον εαυτό,
Και ποιός να το πιστέψει;!
Ο χρόνος μπήκε μέσα μου
Και μ' άλλαξε τη σκέψη.

ΣΤΟ ΘΑΛΑΣΣΟΛΥΚΟ-ΖΩΓΡΑΦΟ
(Αντώνη Χατζηγιάννη-Σκούμπελο)

Στο ίδιο σπίτι, που είναι, όπως το θυμάμαι,
Στην παραλία της πατρίδας μου μιαν άκρη,
Βρήκα το φίλο μου, φιλόξενο, όπως τότε,
Εκεί που γεύτηκε χαρά, μαζί και δάκρυ.

Παιδί της θάλασσας, γεννήθηκε απ' το κύμα,
Που τον νανούρισε μωρό και το αγάπησε,
Κι έδωσε όρκο μιας αιώνιας φιλίας,
Και δεν το πρόδωσε, τον όρκο του τον κράτησε.

Ταξίδεψε τη γη απ' άκρη σ' άκρη
Με τη στολή του καπετάνιου, στο τιμόνι,
Στη γέφυρα άγρυπνος έπαιξε με το κύμα.
Σου υποκλίνομαι παλιέ μου φίλε Αντώνη.

Τα χρόνια πέρασαν, τον βάλλανε στην πάντα,
Μα η αγάπη του, που είχε για τα κύματα,
Έμεινε ίδια, ζωντανή στα σωθικά του,
Όπως την ένιωσε απ' τα πρώτα του τα βήματα.

Στο ίδιο σπίτι, πούναι όπως το θυμάμαι,
Καινούργιο ρόλο η ζωή του καθορίζει.
Αφού της θάλασσας δεν γεύεται το κύμα
Μονάχος κάθεται κι απλά το ζωγραφίζει!

ΣΤΗ ΦΙΛΙΑ ΜΑΣ
(Στο φίλο Γιώργο Γαζή)

Δεν θα πω λόγια μεγάλα,
Για ένα φίλο απ' τα παλιά.
Που τον γνώρισα απ' τα χρόνια
Πούταν μαύρα τα μαλλιά.

Που τον γνώριζα από τότε,
Πούταν πέτρινες οι μέρες,
Που ήχαν τα όνειρα ζωντάνια
Κι ήταν καθαροί οι αιθέρες.

Πήραμε το δρόμο χώρια,
(Νιάτα μας βασανισμένα!)
Ο ένας πάλεψε το κύμα,
Ο άλλος τράβηξε στα Ξένα.

Ξανασμίξαμε στο τώρα,
Κι απ' την πρώτη τη ματιά
Ξανανάψαμε κι οι δυό μας
Της φιλίας τη φωτιά.

Πόσο ωραία μιά φιλία,
Που ο χρόνος δεν την σβήνει,
Που η στάμπα του καιρού
Ούτε ίχνος δεν αφήνει!

Μιά φιλία, ένα νήμα,
Που τεντώσαμε στο χτες μας,
Μιά φιλία, ένα νήμα,
Που δεν κόψαμε ποτές μας!

ΣΤΗ ΘΑΛΑΣΣΙΑ ΑΓΑΠΗΜΕΝΗ
(Αισθήματα του Καπτα-Γιώργη Γαζή)

Σ' αγάπησε η ματιά μου η πρώτη,
Σαν πρώτον έρωτα, στ' αλήθεια,
Γίναμε ταίρι ταιριαστό,
Έτσι όπως λεν στα παραμύθια.

Στεφάνι σούβαλλα, θυμάμαι,
Νέος, στα μέσα του Πενήντα,
Και σκλάβο ακόμα με κρατάς
Τώρα που ζύγωσα εβδομήντα.

Μέρα και νύχτα συντροφιά μου,
Γαληνεμένη ή θυμωμένη,
Με αφρούς, γαλάζια ή και μαβιά,
Πιστή, πλανεύτρα αγαπημένη.

Με πήρες μες την αγκαλιά σου,
Μούσφιξες τρυφερά το χέρι,
Κι έρριξες φως στη σκοτεινιά μου,
Στον ουρανό δικό μου αστέρι.

Μα ξάφνου μαύρισε ο ουρανός μου,
Μελάνιασες και συ μαζί του,
Η μέρα έχασε τον ήλιο,
Έχασε ο πότης το κρασί του.

Σε άφησα μα ακόμα σε λατρεύω,
Πούμαι στα χρόνια τα χρυσά μου,
Πρώτη μου αγάπη και στερνή μου,
Πλατειά, γαλάζια Θάλασσά μου.

Απ' το μπαλκόνι τα πρωινά μου
Στέκομαι μόνος και θαυμάζω
Βαρκούλες παίζουν με το κύμα,
Αναπολώ κι αναστενάζω.

Μονάχος κάθομαι τα βράδυα,
Τί ομορφιά και πόση χάρη,
Που σε αγναντεύω απ' το μπαλκόνι
Να καθρεφτίζεις το φεγγάρι!

Να ξέρεις πάντα, όπου και νάσαι,
Ή σε γνωστά ή μέρη ξένα,
Κι αφού θα πάψει μιά καρδιά
Ακόμα θα χτυπάει για σένα!

ΜΟΝΟΛΟΓΟΣ

Γιατί σταμάτησες να γράφεις Ποιητή;
Τί σου άλλαξε τις σκέψεις;
Εστέρεψε η έμπνευση;
Δεν θέλω να πιστέψεις,
Πως σώθηκαν τα λόγια σου,
Τα τόσα «μοιρολόγια» σου.

Πάρε μολύβι και χαρτί,
Μελέτα τους ανθρώπους,
Γράψε γι' αγάπες, γι' έρωτες,
Για νύχτες αξημέρωτες,
Για δυστυχία και πείνα,
Για όσα είδες π' άλλαξαν
Σε Πειραιά κι Αθήνα.

Γράψε για τη φτωχολογιά
Και την ταλαιπωρία,
Που την καθιερώσαμε
Του Έλληνα τιμωρία.
Και για το φόβο του Έλληνα
Απ' τα ξένα τα στοιχεία,
Για παραλίες βρώμικες
Από πλαστικά δοχεία.

Για τα χωριά που ρήμαξαν,
Για γειτονιές που σβήσαν,
Γι' ανθρώπους ,που δεν ζήσαν.
Για κόσμο αδιάφορο,
Για ηθική, που γλύστρισε
Και πήρε τον κατήφορο.

Γράψε για τον συνωστισμό
Στο κέντρο της Αθήνας,
Για όσους ,που σκοτίζονται,
Και για όσους «εννιά έχει ο μήνας».

Μίλα για τους πολιτικούς
Και τους καλοφαγάδες,
Που αρχίσανε απένταροι
Και τέλειωσαν Αγάδες.

Γράψε για όσα γίνανε
Και για τα τεκταινόμενα,
Για απάτες στο Δημόσιο
Και τα διαπλεκόμενα.

Γράψε και για τους «ισχυρούς»,
Που «ασχημονούν και δέρνουνε»,
Και συνεχώς φυτρώνουνε
Εκεί που δεν τους σπέρνουνε.

Πάρε μολύβι και χαρτί,
Κάτσε στο περιγιάλι,
κι αν σου σωθούν τα θέματα,
Εδώ είμαι και πάλι.

ΑΕΡΑΣ ΓΙΝΕΤΑΙ Η ΨΥΧΗ

Γιατί αδίκως σπαταλάς
Το χρόνο σου, το δάκρυ,
Που στέκεσαι αμίλητη
Στου τάφου σε μιαν άκρη;

Γιατί να νιώθεις η ψυχή
Πως κρύβεται στο χώμα;
Πουλάκι έγινε η ψυχή
Και πέταξε απ' το σώμα.

Αέρας γίνεται η ψυχή
Και πάει με τον αέρα,
Αστέρι αβασίλευτο
Στη νύχτα και στη μέρα.

Που ταξιδεύει Ανατολή,
Νοτιά, Βορρά και Δύση,
Ελεύθερη κι αδεύσμευτη
Απ' τα ανθρώπινα τα μίση.

Φωλιάζει μες τη σκέψη μας,
Μες την καρδιά μας μπαίνει,
Κι όσο είναι η σκέψη ζωντανή
Ποτέ της δεν πεθαίνει.

Τ' ΟΝΕΙΡΟ ΜΟΥ*

Με πήρε το όνειρο στα μέσα του Χειμώνα,
Και μ' έφερε στης Άνοιξης το μήνα,
Ήταν ένα όνειρο παράξενο, αλλόκοτο,
που άλλαξε τόσο της ζωής μου την ρουτίνα.

Με πήγε, το όνειρο, σε κόσμο φαντασίας,
Γεμάτον χρώματα και ζωντανά λουλούδια,
Λιβάδια πράσινα, βουνά και βοσκοτόπια,
Βοσκού φλογέρα και πουλιών γλυκά τραγούδια.

Έτρεξα, στο όνειρο, σε άγνωστα μονοπάτια,
Μακριά απ' τα ανθρώπινα τα πάθη και τα μίση,
Ένιωσα ξέγνοιαστη, σα νάμουνα παιδούλα,
Κι έλαμπε ο ήλιος και δεν έλεγε να δύσει.

Για λίγο στάθηκα σε γέρικο πλατάνι
Να δροσιστώ μέσα στου ίσκιου του τ' αχνάρι,
Να συντροφεύσω πεταλούδες, το μελίσσι,
Που βιαστικά ρούφαγε μέλι απ' το θυμάρι.

Και ξαφνικά κάτι σα σύννεφο σιμώνει,
Να κατεβαίνει απ' ανθισμένη αμυγδαλιά,
Τη μητρική στοργή την ένιωσα σαν πρώτα
Στα δυό σου χέρια, που με πήραν αγκαλιά.

Ναι! Ήσουν συ! Κάποτε μ' έφερες στον κόσμο,
Μα με τα χρόνια, που θα φύγεις μακριά μου,
Και θα μ' αφήσεις μοναχή μου να παλαίψω,
Με τόσο πόνο της καρδιάς, τα δάκρυά μου.

Μάνα και κόρη απ' το χέρι, όπως τότε,
Αργά πατήσαμε τα ανθόσπαρτα λιβάδια,
Απ' τον νου μας διώξαμε τον πόνο και το δάκρυ,
Του χθες τα μίζερα, τα ατέλειωτα τα βράδυα.

Δεν κράτησε πολύ το όμορφο όνειρο,
Του πάνω κόσμου η βοή ξανά ζυγώνει,
Φεύγει το σύννεφο μαζί και η μορφή σου,
Ξυπνώ απ' το όνειρο και νιώθω πάλι μόνη.

*(Εμπνευσμένο απ' το κείμενο της Γιούλας
Κωνσταντοπούλου, «Ημέρα της Μητέρας»,
Εφημερίδα το « Γαλαξείδι».)

ΤΟΥ ΠΟΝΟΥ ΤΗΝ ΚΡΑΥΓΗ
(Ήταν παιδάκι γύρω στα δέκα, ανάπηρο και
κωφάλαλο εκ γεννετής)

Γιατί, κορίτσι μου,
Παρέμεινες «μικρό»;
Γιατί είναι το γέλιο σου
Παράξενο, πικρό;

Θάθελα νάσουνα
Στο σώμα , στο μυαλό,
Όπως οι φίλοι σου.
Θεέ! Σε παρακαλώ,

Δώσε μου απάντηση
Σ' αυτό που σου ζητώ!
Το νιώθεις δίκαιο;
Φιλάνθρωπο, σωστό;

Τ' όμορφο πλάσμα σου
Να κάθεται σκυφτό,
Τροχοί τα πόδια του
Και πρόσωπο σβηστό;

Μέσα στα τόσα σου
Έργα θαυματουργά
Κάνε και τούτο σου,
Ποτέ δεν είναι αργά.

Δος του το σώμα του,
Δόσε του τη χαρά,
Δος του τα λόγια του
Κι ατσάλινα φτερά,

Κάμε τα χέρια του!
(Και διώξε το φονιά)
Να πετάει μόνο του
Στην κάθε σου γωνιά.

Δος του αισθήματα
Σαν τ' άλλα τα παιδιά,
Γέλιο χαρούμενο
Κι αγάπη στην καρδιά.

Και σαν αντάλλαγμα
Μια όμορφη χαραυγή,
Πάρε από μέσα του
Του πόνου την κραυγή!

ΚΟΙΤΑ ΝΑ ΔΕΙΣ

Πώς με θωρείς, Θεραπευτή;
Τί τάχα συλλογιέσαι;
Τί βλέπεις μες τα μάτια σου,
Που σαν κοιτάς ξεχνιέσαι;

Ξέρω, βλέπεις ένα γέροντα
Ένα άψυχο κουφάρι,
Που ώρα την ώρα καρτερεί
Ο Χάρος να τον πάρει.

Βλέπεις καντήλι αδειανό,
Το φως που τρεμοσβήνει,
Βλέπεις το στόμα που είναι κλειστό
Κι απάντησες δεν δίνει.

Το νου μου δεν μπορείς να δεις,
Τις θύμησες τις τόσες,
Που ήμουν ατσάλινο σπαθί,
Που ήμουν φωτιά με γλώσσες.

Που ήμουν κι εγώ μικρό παιδί,
Με όνειρα, φαντασίες,
Πατέρα, Μάνα κι αδελφούς,
Χαρές κι απελπισίες.

Σύντροφο βρήκα, λυγερή
Ψηλή σαν το καλάμι,
Σαν έσκυψε να πιεί νερό
Στην άκρη στο ποτάμι.

Περάσαμε όμορφη ζωή,
Μου πήρε και της πήρα,
Μούφυγε ένα σούρουπο!
Σκληρή που είναι η μοίρα!

Λεβέντες κάναμε δυό οργιές,
Κλαίω να το ομολογήσω.
Η Πατρίδα πήρε ένα πρωί
Να μην τους φέρει πίσω.

Τούτα τα χέρια τα νεκρά
Οργώσανε χωράφια,
Το σπίτι μας αρχοντικό,
Γεμάτα ήταν τα ράφια.

Αλλά η ζωή μας γρήγορη,
Σαν τραίνο που όλο τρέχει,
Κι ένα σταθμό να κατεβείς
Στο δρόμο του δεν έχει.

Στο τέρμα φτάνει ξαφνικά,
Στο τελευταίο κρεβάτι.
Όσα κι αν βρίσκεις κι αποκτάς,
Πάλι σου λείπει κάτι.

Κοίτα, ξανά, Θεραπευτή,
Σε μάτια δακρυσμένα.
Κοίτα βαθειά στα μάτια μου,
Κοίτα να δεις ΕΜΕΝΑ!

ΠΡΙΝ ΑΠΟ ΧΡΟΝΙΑ

Πριν από χρόνια,
Τα μετρώ εξηντανταπέντε,
Πήγα με γρήγορο ρυθμό
Μέχρι τον κοντινό σταθμό,
Στο τραίνο ανέβηκα
Στις δώδεκα και πέντε.

Στο παραθύρι,
Πούχε θέα τη ζωή μου,
Πήρα μιά θέση μοναχός,
Χωρίς πεντάρα ο φτωχός,
Τα μόνα εφόδια
Τα χέρια κι η πνοή μου.

Κι είδα ποτάμια,
Που γαλήνευαν το βλέμμα,
Νερά που γέννα γαν ζωή,
Στα άφωνα δάση η βοή.
Τώρα θολώσανε
Από ιδρώτα κι από αίμα.

Χωριά και πόλεις
Σα λουλούδια όλο ζωντάνια,
Σαν οξυγόνο στην ψυχή
Σε κάποιαν άλλην εποχή.
Τώρα μαυρίσανε,
Κουρέλια τα φουστάνια.

Κι είδα κοσμάκη
Να παλεύει για το φως του,
Λίγο αέρα λευτεριάς,
Λίγες σταγόνες σιγουριάς,
Μα ο κόσμος γύρω του
Δεν είναι πιά δικός του.

Έκαμα πλούτη,
Μα ποτέ τους δεν μετρήσαν.
Αέρα έψαχνα να βρώ,
Φιλία, αγάπη θυσαυρό,
Ο αέρας σώθηκε,
Τα λίγα φώτα σβήσαν.

Δάκρυ δεν έχω,
Δεν μπορώ να προχωρήσω.
Κλείνω τα μάτια τα στεγνά,
Να φύγω απ' τα τωρινά.
Εχθρό από φίλο μου,
Πώς να τον ξεχωρίσω;

Νιώθω το τραίνο,
Που σταμάτησε στο τέρμα.
Βρίσκω τη «βάρκα» που γυρνά,
Με παίρνει απ' τα τωρινά,
Στην τσέπη απόμεινε
Για ναύλα ένα κέρμα.

ΓΑΜΗΛΙΕΣ ΕΥΧΕΣ

Χαράς καμπάνες,
Που αντηχούν στ' αυτιά μου,
Κι όμως το δάκρυ μου σταλιές
Θολώνει τη ματιά μου.

Άσκοπη λύπη,
Που γεμίζει την καρδιά μου,
Σα νάταν και στον κήπο μου,
Μαράθηκε η ροδιά μου.

Είναι η μέρα,
Που το κόβω το σκοινί,
Πετάς σα λεύτερο πουλί,
Μα η καρδιά πονεί.

Ποτέ δεν θα έβαζα
Στα όνειρά σου εμπόδιο.
Καράβι εσύ μ' άσπρα πανιά,
Κι εγώ με ευχές για ένα
«Καλό σου κατευόδιο».

Και μια ευχή για μένα:
Στα χρόνια, που θα ζήσω,
Να νιώθω, πως δεν έχασα μια κόρη,
Μα η Παναγιά με αξίωσε
Αυτή τη μέρα κι άλλο γιό να αποκτήσω!

Ο ΣΚΥΛΟΣ ΜΟΥ

Ήταν Τετάρτη του Μαρτιού
Του ενενηντατέσσερα,
Που είπα «Αντίο» στον πιστό
Τον φίλο με τα τέσσερα.

Τον χάιδεψα, του μίλησα
Με μάτια δακρυσμένα,
Του είπα: «Η επίγειος ζωή
Τελείωσε για σένα».

Από μικρό τον πήραμε,
Του μάθαμε να παίζει,
Αλλά ποτέ δεν έμαθε,
Που έπρεπε να χέ--.

Τάκανε, όπου έφτανε,
Πολλές φορές βαρβάτα,
Πότε στεγνά, πότε νωπά,
Μα πάντα μυρωδάτα.

Με τα παιδιά μεγάλωσε,
Της φαμιλιάς μας μέλος.
Όλοι μας τον προσέχαμε
Ως το μοιραίο τέλος.

Ευτυχισμένος έζησε
Για δεκαπέντε χρόνια,
Αν ήτανε ανθρώπινος
Θα είχε μαλλιά με χιόνια.

Απ' τις αρχές το Γεναριού
Του ενενηντατέσσερα,
Επήρε τον κατήφορο
Ο φίλος με τα τέσσερα.

Τάκανε εκεί που έτρωγε,
Πνιγόταν στα νερά του,
Πονούσε, όπου τον άγγιζα,
Ακούνητη η ουρά του.

Στις τελευταίες μέρες του
Στα μάτια με κοιτούσε.
Να περπατήσει, αδύνατον,
Συμπόνια μου ζητούσε.

Τον τάιζα στη φούχτα μου
Κότα, κιμά κι αυγά,
Μα το καντήλι της ζωής
Σβήνει σιγα-σιγά.

Κι έτσι, τετάρτη του Μαρτιού
Του ενενηντατέσσερα,
Ευθανασία δώσαμε
Στο φίλο με τα τέσσερα.

Με όψη αγνώστου έφτασε
Ο Χάρος να τον πάρει,
«Τότε που ανθίζαν τα κλαριά
Κι έβγαζε η γη χορτάρι».

Μέσα στου Μπόγια το κλουβί
Τον βάλαμε τον φίλο,
Σαν κάτι να μυρίστηκε,
Γιατί έτρεμε σα φύλλο.

Όλοι μας λυπηθήκαμε!
Άρα τον σκύλο κλαίγαμε;
«Η σύντομα φεύγει η ζωή»
Σιωπηρά να λέγαμε;

Μας συγχωρείς-, φίλε πιστέ,
Γνώμη δεν σου ζητήσαμε.
Μα ο πόνος μας, που υπέφερες,
Ήταν που αποφασίσαμε.

Για τα «κακά» που σκούπαγα
Συγχωρεμένος νάσαι.
Στην δεύτερή μας τη ζωή
Θέλω να με θυμάσαι.

Γιατί σε κείνη τη ζωή
Θέλω να μείνω φίλος σου.
Μπορεί να 'ρθεις σαν άνθρωπος
Και νάμαι εγώ ο σκύλος σου!

ΚΟΥΡΚΟΥΤΙ ΚΑΙ ΚΑΤΩΙ

Πώς θάθελα, έστω για λίγο,
Να ζούσα πάλι στο κατώι,
Που μες στης σκέψης μου τα μάτια,
Βλέπω παλάτι στο Τατόι.

Χώμα για πάτωμα, μ' ένα φεγγίτι
Με φως σα λάμπα να φωτίζει,
Τρύπια η πόρτα, άδειοι οι τοίχοι,
Κρύος βορριάς, που σε θερίζει.

Μπροστά στο τζάκι, σταυροπόδι,
Με λίγα κούτσουρα αναμμένο,
Μες στο τηγάνι το κουρκούτι,
Που με αγωνία περιμένω.

Με λίγη ζάχαρη από πάνω,
Για να γλυκάνει τη μπομπότα,
Θαρρώ αυγά θα μοιραστούμε,
Ακούω, που κακαρίζει η κότα.

Μίκρυνε στη γωνιά ο τράφος,
Κούτσουρο, ασπάλαθος κι ασφάκα,
Καιρός για ξύλα στα χωράφια
Να δυναμώσουμε τη θράκα.

Κουτάλι σούπας στόνα χέρι,
Γονείς κι αδέρφια πλάι-πλάι,
Μπροστα στο τζάκι σταυροπόδι,
Κι άστε τον κόσμο να χαλάει.

Πέρασε η μόδα για κουρκούτι,
Στη σκάρα ψήνεται το ψάρι,
Πλούσια στρωμένο το τραπέζι,
Στ' αμπάρι μπόλικο το στάρι.

Ζεστό το σπίτι, όλο κιλίμια,
Κοιτάω τη μοίρα, που γελάει.
Ψάχνω να βρω, μα δεν τα βλέπω,
Γονιούς κι αδέρφια πλάι-πλάι!

ΔΥΟ ΣΠΙΘΕΣ ΤΑ ΜΑΤΑΚΙΑ ΣΟΥ

Ακίνητη που σε θωρώ
Κορμί βασανισμένο.
Δυό σπίθες τα ματάκια σου,
Που με κοιτούν με πόνο,
Αυτά σου μείναν μόνο.
Κι εγώ σκυφτός το θαύμα περιμένω.

Στεγνά είναι τα χειλάκια σου,
Σταλια-σταλιά νερό να στα δροσίσω.
Άψυχα τα χεράκια σου,
Τ' αγγίζω τρυφερά να τ' αναστήσω.

Σαν σπίθες τα ματάκια σου,
Που την καρδιά μου καίνε.
Τί άραγε να λένε;!
Που κορφωμένα απάνω μου
Την μια γελούν μια κλαίνε;

Θέλουν τον πόνο σου να πουν,
Που ίσως ήρθε η ώρα σου
Να ρίξεις μια στερνή ματιά
Προτού πετάξεις στο Νοτιά
Μακριά απ' όσους σ' αγαπούν.

Γκρεμίστηκαν τα όνειρα,
Τα λιγοστά τα χρόνια μας συντρίμια.
«Δυό μάτια», όπου κι αν κοιτώ,
Παραμιλώ που περπατώ
Στα καλντερίμια.

Φεύγω με πίκρα μακριά,
Αλλά μ' ελπίδα στην καρδιά,
Πως θ' αλλαξοδρομήσεις.
Να γειάνει ο χρόνος τις πληγές,
Να ξαναρθούν Πρωτομαγιές
Κοντά μας να γυρίσεις.*

Δυό σπίθες τα ματάκια σου,
Που με κοιτούν με πόνο,
Αυτά σου μείναν μόνο.......

(Εν πλω προς Αμερική)

*Απεβίωσε στις 15/7/97

ΘΥΜΑΜΑΙ....

Το ογδοντα-εννιά ωραίο καλοκαίρι,
Όλοι μαζί ,ολόκληρο το ασκέρι.
Πώς να μπορούσα να το κράταγα αιώνια!
Μα ο χρόνος πέρασε, δεν έδειξε συμπόνια.
Κυλούν οι μέρες, την καρδιά μου σφίγγω,
Σαν έφτασε η ώρα για να φύγω.

Το ενενηντα-τέσσερα η ίδια ιστορία,
Το «έλα-φύγε» της ζωής μου η τιμωρία.
Τα δάκρυα στέρεψαν, δεν θέλω άλλα «Αντίο».
Γιατί γεννήθηκα νάχω πατρίδες δύο;!

ΚΑΙ ΤΩΡΑ...

Θυμάμαι πούτρωγα μικρός
Ελιές με τα κουκούτσα,
Φορούσα ρούχα...τρυπητά
Κι αμπάλλωτα παπούτσα.

Κι ένα γαρδέλλι στο κλουβί
Του σύκου τρώει το σπόρο,
Και πλένω, ο δόλιος, το πετσί,
Προς την κοιλιά μου δώρο.

Πέφτει ο κόσμος νηστικός
Στης μάχης το πεδίο,
Θυμάμαι, που την βγάζαμε
Με ένα αυγό στα δύο.

Μα είχα ζωντάνια μέσα μου,
Κι όλο μπροστά κοιτούσα,
Κι έβλεπα πιάτο με φαϊ
Παπούτσι με πατούσα.

Μα τώρα, που τα απόχτησα,
Και πριν τα μάτια κλείσω,
Τα βλέπω όλα ασήμαντα,
Γυρνάω το βλέμμα πίσω.

ΤΟ ΜΗΤΡΙΚΟ ΜΟΥ ΧΩΡΙΟ
(Η Τριταία, Παρνασσίδος)

Το θυμάμαι με τα χιόνια το Χειμώνα,
Που παγώνανε τα δυό γυμνά μου χέρια,
Το θυμάμαι το Φθινόπωρο, στον τρύγο,
Το θυμάμαι τα ζεστά τα καλοκαίρια.

Το θυμάμαι δυο-τρείς μήνες στο σχολείο,
Το συσσίτιο δεν έφτανε για μας,
Το θυμάμαι, ο παππούς στο καφενείο,
Κι η γιαγιά μου συντροφιά της ο κασμάς.

Το θυμάμαι, το γαϊδούρι, ο Κακαντρής,
Το μουλάρι με το μάτι του το ένα,
Το σκυλάκι, όλο χάδια και φιλιά,
Που όλο γαύγιζε, μα δεν δάγκωνε κανένα.

Το θυμάμαι μες τον ήχο του βιολιού,
Με μια γέρικη ελιά στο περιβόλι,
Με ένα τζάκι, στο Χειμώνα ζεστασιά,
Που κρυβώμαστε απ' του Γερμανού το βόλι.

Τώρα έρμο και ερείπιο το βλέπω,
Νεκρική σιγή στους μήνες του Χειμώνα,
Δυό ψυχές εδώ κι εκεί ζωή του δίνουν
Με την Άνοιξη, π' ανθίζει η ανεμώνα.

Μες το σπίτι η σιωπή πανηγυρίζει,
Ξεραθήκανε τα δέντρα και τα αμπέλια,
Ο «Γεροπλάτανος» στ' αλώνια μοναχός,
Δεν ακούγονται τα παιδικά τα γέλια.

Ένα μόνο απομεινάρι μες το νου μου,
Η Ανάμνηση! Που όλο ζωντάνια και δροσιά,
Μου κρατάει τη χαρά χωρίς τον πόνο
Και μου φέρνει στην καρδιά μου ζεστασιά.

ΠΟΝΩ

Πονώ, που πόνεσες πολύ
Και κατηφόρισες γοργά.
Στο τέλος «επροσπάθησες»,
Αλλά ήτανε αργά.

Έσυρες μόνη το Σταυρό
Στου Γολγοθά τη ράχη.
Επάλαιψες, αλλ' έχασες
Την τελευταία μάχη.

ΤΙ ΝΑΝ' ΑΥΤΟ

Τί ναν' αυτό μες την καρδιά
Να νιώθω, που με κάνει,
Ίδιο το αίμα νάχουμε,
Ρόδα στο ίδιο στεφάνι;

Τί να είν' αυτό στο «είναι» μου
Κουράγιο που μου δίνει,
Καράβι μες τα κύματα
Που μόνη δεν μ' αφήνει;

Τί να είν' αυτό στη σκέψη μου,
Που με κρατάει κοντά σου,
Στα «κάτω» και στα «πάνω» μου,
Μέλισσα στ' άρωμά σου;

Τί να είν' αυτό το αίσθημα
Γεμάτο από φιλία,
Ένα αίσθημα μοναδικό,
Στη μοναξιά ασυλία;

Ό,τι και νάναι, είναι όμορφο.
Στον κόσμο του, που μπήκα,
Την αδερφή που γύρευα
Στο πρόσωπό σου βρήκα!

ΔΕΝ ΠΕΙΡΑΖΕΙ

Δεν πειράζει, θα επιζήσω,
Κι ίσως τα όνειρα να χτίσω
Στα δυό μάτια μιας καινούργιας «αλληνής»,
Μ' όσο και να υποφέρω
Και το νιώθω και το ξέρω,
Στα δρομάκια της ζωής μου θα φανείς.

Είναι, φαίνεται, γραμμένο
Νάναι παραπονεμένο
Το τραγούδι μου, που γράφω κι αγαπώ,
Που τα λόγια του μιλάνε,
Για δυό μάτια, που ίσως νάναι,
Ό,τι θέλω στη ζωή μου για σκοπό.

Μια μονάχα σκέψη μένει
Για ό,τι τι με περιμένει,
Που τη νιώθω ζωντανή παρηγοριά,
Πως κι αν φύγεις μια για πάντα
Θάχω στη ζωή μου αβάντα,
Στα όνειρά μου τη δική σου τη θωριά.

ΤΕΣΣΕΡΑ ΜΑΤΙΑ, ΔΥΟ ΜΑΤΙΕΣ

Τα δυό μεγάλα, γαλανά,
Που μ' αφυπνίζουνε,
Και τ' άλλα κάπως καστανά,
Που μ' υπνωτίζουνε.

Τα δυό σαν ήλιος λαμπερός,
Που με θαμπώνουνε,
Και τα άλλα λίγο σκοτεινά,
Και μου θυμώνουνε.

Τα δυό κομήτες που τραβούν
Για άλλα ουράνια,
Και τα άλλα όλο μυστικά
Κι όλο ζωντάνια.

Κι από τις δύο τις ματιές
Η μία πέταξε,
Προτού προλάβω για να ιδώ,
Αν κάτι μου έταξε.

Και μένει μόνο μια ματιά
Μεστή με αινίγματα,
Πολιορκώντας τα δικά μου
Παραπήγματα.

Και περιμένω για να ιδώ,
Αν πολεμήσει,
Η κάποια νύχτα σκοτεινή
Κι αυτή μ' αφήσει.

ΕΙΣΑΙ ΕΜΠΝΕΥΣΗ

Είσαι έμπνευση για μένα
Του ποιητικού μου οίστρου,
Μες τη φλόγα του μαϊστρου
Γράφω στίχους σοβαρούς,
Στίχους πούχουν σημασία,
Και μιλούν για την ουσία,
Χωρίς στόχους πονηρούς.

Μυστήριο είσαι, και το ξέρω,
Μυστήρια τα όνειρά μου,
Έχω χάσει τα νερά μου
Κι είμαι ψάρι στη στεριά,
Μα η ελπίδα παραμένει,
Τελευταία που πεθαίνει,
Μόνη μου παρηγοριά.

Όσο και να μου θυμώνεις
Και τα λόγια σου είναι λίγα,
Κι όπου με το νου μου πήγα,
Δεν κλονίζομαι σταλιά,
Υποχώρηση δεν ξέρω,
Τον σταυρό βαρύ τον φέρω
Στης νυχτιάς τη σιγαλιά.

Αλλά εσένα μη σε νοιάζει,
Η ευτυχία μου πηγάζει
Απ' τα βάθη της καρδιάς,
Και τυλίγει το κορμί μου,
Το είναι μου και την ψυχή μου,
Σαν το ρόδι της ροδιάς.

Η ΖΩΗ ΕΙΝΑΙ...

Η ζωή είναι μια τρέλα,
Είναι μια άστατη κοπέλα,
Που στην δώσαν συντροφιά,
Που αλλάζει τα καπέλα,
Στα μαλλιά της μια κορδέλα,
Μια ασχήμια, μια ομορφιά.

Μια κοπέλλα, που σε πάει,
Εδώ κι εκεί, που σ' αγαπάει,
Εδώ κι εκεί ,που σε μισεί,
Σ' ανεβάζει στα ουράνια
Με τραγούδια επουράνια
Και κρασάκι μια μισή.

Είναι κάτι που σ' αγγίζει,
Τρυφερά σε μαγνητίζει
Και τον πόνο σου ξεχνάς,
Κι άλλοτε, που σε μαλώνει,
Και τα μέσα σου πληγώνει
Η σκουτούρα κι ο βραχνάς.

Κι όταν κάποτε σ' αφήνει
Και τον ήλιο σου τον σβήνει
Με μια μαύρη πινελιά,
Ό,τι σούδωσε θυμάσαι,
Μια ξυπνάς και μια κοιμάσαι
Στης νυχτιάς τη σιγαλιά.

Οπτασίες απ' το ΤΟΤΕ,
Μια συχνά, μια πότε-πότε.
Σούρχονται μέσα στο νου,
Σ' άλλα μέρη η σκέψη τρέχει,
(Στη καρδιά σου σιγοβρέχει)
Κάποιου άλλου ουρανού.

Ξαφνικά ξυπνάει η αγάπη
Για τον άλλοτε σατράπη
Στην μορφή νέας κοπελιάς.
Την αγάπη δεν θες να αφήσεις,
Θες ακόμα να την ζήσεις,
Στην σκιά κάποιας μηλιάς.

Δροσερό νερό ποτήρι,
Σα να σούκανε χατίρι,
Βρέχει το στεγνό σου στόμα,
Που το πίνεις..., και το πίνεις...,
Μα τη φλόγα σου δεν σβήνεις,
Και διψάς πολύ ακόμα...

ΕΝΑ ΛΟΥΛΟΥΔΙ

Ένα λουλούδι στον αγρό μου που ξεφύτρωσε,
Μου έκλεψε για πάντα την καρδιά μου.
Μέσα στο νου μου πρώτη θέση η μορφή της
Κι έγινε η μόνη της ζωής η ευωδιά μου.

Πώς να σου πω το τί αισθάνομαι για σένα;
Πώς να σου πω το πώς χτυπάν τα φυλλοκάρδια;
Χωρίς εσένα, π' αγαπώ τόσο βαθειά,
Θα ήταν όλη μου η ζωή βουβή και άδεια!

Είσαι για μένα ένα όνειρο ωραίο,
Είσαι ένα όνειρο που έγινε αλήθεια,
Κι η ιστορία μας θα γίνει, ήταν γραφτό,
Όπως μου έλεγε η γιαγιά στα παραμύθια.

Κάθε πρωί τα δυό μου μάτια σαν ανοίγω,
Εσένα σκέφτομαι αγάπη μου, μανάκι μου,
Την φαντασία μου γεμίζει η μορφή σου,
Με τόση γλύκα να χτυπάς το.. καμπανάκι μου.

Το όνομά σου έχει κάτι ξενικό
Έτσι, όπως λένε το λουλούδι στην Ιταλία,
Μα θα σ'αλλάξω το άρωμά σου και το χρώμα
Και θα σε ντύσω κάποια μέρα Αμαλία.

ΤΟ ΦΕΓΓΑΡΙ ΤΟΥ ΓΑΜΟΥ
(Του Σαββάτου, 31/7/2004)

Βλέπω το φεγγάρι το μικρό,
Που μεγαλώνει,
Και σιγα-σιγά φουντώνει,
Και το κύμα τ' αρμυρό.

Βλέπω το φεγγάρι το μισό,
Αυτό που λάμπει,
Βάλαν γιορτινά οι κάμποι
Και το γλέντι περισσό.

Βλέπω το φεγγάρι, που κυλά,
Μισό καρβέλι,
Το κρασί μες το βαρέλι
Θα θολώσει τα μυαλά.

Βλέπω το φεγγάρι μια σταλιά
Νάτος και κείνος,
Στέκεται ορθός σαν κρίνος,
Σμίγει την Γαρυφαλλιά.

Βλέπω το φεγγάρι τόσο δα,
Κι είναι Δευτέρα,
Αφήνει η κόρη την Μητέρα,
Τον Πατέρα, που αγρυπνά.

Μα το Σαββάτο θα γεμίσει,
Το εκκλησάκι θα φωτίσει
Κι ένα δάκρυ θα κυλήσει,
Ένα δάκρυ από χαρά,
Ο παπάς θα ευλογήσει,
Με ευτυχία θα τους ντύσει,
Όπως και στα παραμύθια,
«Ένα καιρό και μιά φορά»!

...ΤΟΣΑ ΧΡΟΝΙΑ

Περνώ από γνώριμα δρομιά,
Που διάβαινα, κοντά τα παντελόνια,
Κι αναρωτιέμαι σιωπηρά,
«Πού ήμουν τόσα χρόνια;!»

Απ' το ανοιχτό παράθυρο
Κοιτάω, που πετούν τα χελιδόνια,
Ξεπεταρούδια στις φωλιές,
«Πού ήμουν τόσα χρόνια;!»

Μυρίζω τ' αλμυρό νερό,
Βλέπω όμορφες τις γλάστρες στα μπαλκόνια,
Μοσχοβολούν οι γειτονιές,
«Πού ήμουν τόσα χρόνια;!»

Του θυμαριού η μυρουδιά
Γεμίζει και τα δυό μου τα πλεμόνια,
Ξαναγεννιέμαι απ' την αρχή,
«Πού ήμουν τόσα χρόνια;!»

Μα στου προσώπου τις ρωγμές
Ξυπνάω, πως η ζωή δεν είν' αιώνια,
Κι αναρωτιέμαι σιωπηρά,
«Πού πήγαν τόσα χρόνια;!»
....

Καλοκαίρι δυό χιλιάδες
Με μελτέμια και βοριάδες
Του καιρού η εκδίκηση,
Και μια...

ΑΠΟΓΟΗΤΕΥΣΗ

Ήρθες!
Την Άνοιξη περίμενα,
Μα μούφερες Χειμώνα.
Λίγο αεράκι απ' τη θάλασσα εζήταγα
Και μούφερες τυφώνα.

Κρίμα!
Τα τόσα μου αισθήματα,
Που έτρεφα για σένα,
Τάδιωξες από μέσα μου στης Παναγιάς τη μέρα,
Δεντριά ξεριζωμένα.

Φεύγω,
Με άδεια την καρδούλα μου
Και τα όνειρά μου πίσω,
Ψηλό τον σήκωσες τον τοίχο ανάμεσά μας
Για να τον δρασκελίσω.

Άραγε θα κολλήσει
Το σπασμένο το γυαλί;
Άραγε θα γυρίσει
Στο κλουβί του το πουλί;

ΦΘΙΝΟΠΩΡΙΑΤΙΚΑ

Σκέψεις με βασανίζουνε,
Τα φύλλα κιτρινίζουνε
Και σταματά ο νους,
Δεν το μπόρεσα ακόμα,
Τί κι αν γέρασε το σώμα,
Να βλέπω το Φθινόπωρο
Γαλάζιους ουρανούς.

Κλειστά τα παραθύρια μου,
Κλειστός στον εαυτό μου,
Ακίνητα τα χείλη μου,
Δυό δάκρυα οι φίλοι μου
Νερώνουν το πιοτό μου.

ΑΛΛΟΤΕ ΚΑΙ ΤΩΡΑ

Πώς αλλάζουν οι συνήθειες,
πώς αλλάζουν οι καιροί!
Άλλα βρήκαμε μεγάλοι
(Μήπως δεν μας τάπαν κι άλλοι;)
Κι άλλα βλέπαμε μικροί.

Τί να πιάσω, τί ν' αφήσω,
Όποιο θέμα και να θήξω,
Με «διότι» και «γιατί»
Της Πανδώρας το κουτί
Το φοβάμαι να τ' ανοίξω.

Οικογένειες δε βλέπω,
Ούτε αγάπη ,όπως πρώτα,
Το συμφέρον και το χρήμα
(Λίγο ζούμε κι είναι κρίμα),
Μας αλλάξανε τα φώτα.

Ηθική πια δεν υπάρχει,
Ούτε σκίρτισμα καρδιάς,
Κι αγωνία μιάς αγάπης
(φταίει ο χρόνος ο σατράπης)
Φεγγαρόλουστης βραδιάς.

Τα μάτια του έκλεισε ο Ήλιος,
Κρύφτηκε για να μη βλέπει,
Μαραμένα τα λουλούδια,
Ανθρωπάκια σαν αρκούδια,
Δυό χιλιάδες το σαλέπι.

Εβρωμήσαμε τους δρόμους,
Την ψυχή και την καρδιά μας,
Κάψαμε την πρασινάδα,
Νηστικιά κι η αγελάδα,
Τα λυπάμαι τα παιδιά μας.

Τυχερός, που δεν ανήκω
Στην καινούργια τη γεννιά.
Με το νου μου ταξιδεύω,
Στους παλιούς καιρούς χαζεύω
Και ο μήνας έχει εννιά.

ΠΟΣΟ ΜΕ ΓΕΛΑΣΕΣ

Τις αναμνήσεις μου ζητώ
Για να τις βρω και να τις ζήσω,
Το πίστεψα, που μούλεγες,
Τα χρόνια πως γυρνάνε πίσω.

Ο νους μου τρέχει στα παλιά,
Στα παιδικά, τα όμορφα χρόνα,
Καρδιά μου που ήσουνα ζεστή,
Κι είχες ανθούς στα κλώνια.

Ξύπνησα απ'όνειρο, βαθύ,
Μέσα στα μέσα του Χειμώνα,
Την Άνοιξη έψαχνα να βρω,
Μα έλειπε η ανεμώνα.

Πόσο με γέλασες ζωή,
Το γυρισμό που δεν τον είδα,
Τα όνειρα μείναν όνειρα
Κι η ελπίδα μου ελπίδα.

ΚΙ ΕΓΩ ΣΤΑ ΟΝΕΙΡΑ..

Ίσως εξωπραγματικά
Που έκανα όνειρα μεγάλα,
Ζωή θα ζούσα ειρηνικά
Και θάχα του πουλιού το γάλα.

Ίσως η αγάπη για το χθες
Δεν με άφηνε σωστά να κρίνω,
Κι έβλεπα ίσα τα στραβά
Και την τσουκνίδα σαν τον κρίνο.

Σαν Δον κιχώτης στην καρδιά
Και στο μυαλό την φαντασία,
Το «τώρα» πέρασα για εχθρό,
Στο «τότε» βρήκα προστασία.

Πέφτει η αυλαία, ξαφνικά,
Φτάνει η παράσταση στο τέλος,
Γυμνές αλήθειες, ξωτικά,
Και ξεσκεπάζεται ο Οθέλλος.

Μα πώς να ανθίσει μια ψυχή
Χωρίς το όνειρο για χώμα;
Ψάχνω για αέρα καθαρό
Μες της ατμόσφαιρας τη βρώμα.

Άδεια σε αισθάνομαι καρδιά μου,
Άδεια ψυχή μου, άδειο σώμα,
Όλα τριγύρω σκοτεινά
Κι εγώ στα όνειρα ακόμα.

ΣΤΑΣΟΥ

Άκουσα της βροχής τον ήχο
Απ' τον απέναντι τον τοίχο,
Πούπεφτε σαν τα δάκρυά μου,
Που θα μουσκέψουνε τον πόνο,
Όταν μ' αφήσεις πάλι μόνο.
Στάσου! Μή φεύγεις μακρυά μου.

Κάθησε λίγο να τα πούμε
Και τα παλιά να θυμηθούμε
Και να σ' ανοίξω την καρδιά μου.
Δεν την μπορώ την μοναξιά μου,
Σύννεφο η απελπισιά μου.
Στάσου! Μή φεύγεις μακριά μου.

Είσαι μια λάμψη στο σκοτάδι,
Που κάνει πρωινό το βράδυ,
Στα βάσανα η γιατρειά μου.
Βάλε λουλούδια στο πανέρι
Κι έλα να πάμε χέρι-χέρι.
Στάσου. Μή φεύγεις μακριά μου.

Μα δεν μ' ακούς και θα μ'αφήσεις,
Πίσω την πόρτα θα μου κλείσεις,
Πάλι στα μαύρα θα με ντύσεις.
Θα μαραθούνε οι ανεμώνες,
Και θ' απομείνουν οι Χειμώνες.
Φύγε! Και μη ξαναγυρίσεις.

ΚΑΜΜΙΑ ΦΟΡΑ

Καμμιά φορά ο νους μου ταξιδεύει
Σε όνειρα, που ήταν παιδικά,
Καμμιά φορά σηκώνεται η αυλαία
Κι αλλάζουν της ζωής τα σκηνικά.

Καμμιά φορά πετάει η καρδιά μου,
Ατίθασο πουλί, ξεπεταρούδι,
Σ' απλοχωριές και πράσινα λιβάδια,
Που φύτρωσε σαν Άνοιξης λουλούδι.

Καμμιά φορά πλαταίνει η φαντασία,
Και μες τα δυό μου της καρδιάς τα μάτια,
Απλώνονται σαν όμορφη οπτασία
Της Νιότης τα απάτητα παλάτια.

Καμμιά φορά φαντάζομαι πως βλέπω
Το κύμα, που τον ήλιο καθρεφτίζει,
Βαρκούλες να χαϊδεύει ερωτικά
Και νοσταλγία την καρδιά να πλημμυρίζει.

«Καμμιά φορά», τότε που σ' αγαπώ ζωή!
Ας μάκραιναν τα χρόνια!
«Καμμιά φορά», τότε που νιώθω όλο ζωή
Και πρασινίζουνε κι ανθίζουνε τα κλώνια.

ΑΣ ΤΑΞΙΔΕΨΩ ΜΕ ΒΑΡΚΟΥΛΑ

Έχω δέσει μ' αλυσσίδες την καρδιά μου
Στην αιώνια νοσταλγία,
Να σε κοιτώ κατάματα και να σε προσκυνώ
Σα νάσαι η Παναγία.

Πόσο μου έλειψε να στέκομαι μπροστά
Στο άδειο παραθύρι,
Για ν' αγναντέψω όμορφα νησάκια και να πιώ
Την αύρα στο ποτήρι.

Και τί δεν θάδινα να νιώσω την αρμύρα
Στ' αεράκι μιας νυχτιάς
Και να ξεχάσω και το βλέμμα και το χρώμα
Ξένης ματιάς.

Να ιδώ καθάριο τον γαλάζιο ουρανό
Με λαμπερά τ' αστέρια,
Και να φιλήσω και να αγκαλιαστώ
Απ' τα δυό σου χέρια,

Και μια βραδυά, μες του Φθινόπωρου τη μπόρα,
Πριν μαραθώ,
Ας ταξιδέψω με βαρκούλα μες το χρόνο
Και ας χαθώ.

ΜΙΑ ΒΑΡΚΟΥΛΑ

Μιά βαρκούλα,
Μιάν αυγούλα
Αραγμένη μοναχή,
Τ' άγριο κύμα,
Είναι κρίμα,
Της τρομάζει την ψυχή.

Ξεβαμμένη
Περιμένει
Το βαρκάρη για να ρθει,
Να την φέρει
Σ' άλλα μέρη
Κι απ' το κύμα να σωθεί.

Και συ ξένε,
Πονεμένε,
Βάρκ' αγκυρωβολημένη,
Που τον Σώστη
Παντογνώστη
Να τον πάρει περιμένει.

Κουρασμένος,
Χτυπημένος,
Από της ζωής το κύμα,
πόρτα ανοίγεις,
Για να φύγεις,
Νιός ακόμα κι είναι κρίμα.

ΑΣΕ ΜΕ

Άσε με να κοιμηθώ
Στον ύπνο το βαθύ μου,
Ξαρματωμένος απ' άρματα
Το αστραφτερό σπαθί μου.

Άσε με να ονειρευτώ
Τα όνειρα που νιώθω,
Να ιδώ με σάρκα και οστά
Κάθε κρυφό μου πόθο.

Άσε με στον κόσμο μου,
Τον πλάθω, όπως τον θέλω,
Τον ίδιο, όπως τον άφησα,
Σαν παρελθόν το μέλλο.

Κι όταν κάποτε ξυπνήσω
Και τα γύρω μου δεν βρώ
Όπως θα τα ζωγραφίσω,
Στο πικρό μου καφεδάκι,
Που θα πιώ,
Τα φαρμάκια ενα-ένα,
Όνειρά μου προδομένα,
Λίγο-λίγο θα τα καταπιώ.

ΚΟΥΡΑΣΜΕΝΕ ΣΤΡΑΤΙΩΤΗ

Κράζει η σάλπιγγα το νιό
Να τον ρίξει μες τη μάχη,
Για να πάρει απ' τον εχθρό του
Απ' την μιά την άλλη ράχη.

Βάζει κάτω το μυαλό,
Μες το φρούριο,στη Λίνδο,
Φτάνει στη Θεσσαλονίκη
Και σε λίγο και στην Πίνδο.

Άλλος χάνεται μικρός
Κι άλλος μ' άσπρα τα μαλλιά του,
Άλλος μες το σπιτικό του
Κι άλλος έξω απ' τη φωλιά του.

Κι όποιος πιάσει την κορφή
Με τα όπλα του σιμά του,
Τυχερός σαν το μπορέσει
Να θυμάται το όνομά του.

Κουρασμένε Στρατιώτη,
Που σου κλέψανε την νιότη
Μες τα χαρακώματα.
Μοναχός μες το σκοτάδι
Να περάσει κι άλλο βράδυ
Νάρθουν ξημερώματα.

ΠΙΣΩ ΜΑΣ ΞΕΘΩΡΙΑΖΟΥΝ ΟΙ ΕΙΚΟΝΕΣ

Η μορφή σου λίγο-λίγο
Αραιώνει μες το νου μου
Και δεν λάμπει αστεράκι
Στο σκοτάδι τ' ουρανού μου,
Κι αραιώνει μες το νου μου.

«Πίσω μας ξεθωριάζουν οι εικόνες,
Που γίνονται φαντάσματα
Στης Νιότης τα χαλάσματα,
Αόρατα είναι πλάσματα
Σε μακρινούς δρυμώνες,
Πίσω μας ξεψυχάνε οι εικόνες».

Δεν το πίστευα ποτέ μου,
Οι τόσες μου οι αναμνήσεις,
Πως θα φεύγαν και θα παίρναν
Κι όνειρα και συγκινήσεις,
Οι τόσες μου οι αναμνήσεις.

Όσα είχανε ζωντάνια
Και ανθίζαν τον Απρίλη
Μαραθήκαν, ξεχαστήκαν,
Σ' ένα βάζο χαμομήλι,
Όσ' ανθίζαν τον Απρίλη.

Είναι ο ανθρώπινος ο κύκλος,
Έτσι είμαστε πλασμένοι,
Άγνωστοι να ξεκινάμε,
Να τελειώνουμε σαν ξένοι,
Έτσι είμαστε πλασμένοι.

«Πίσω μας ξεψυχάνε οι εικόνες,
Που μοιάζουνε με φάσματα
Στης Νιότης τα χαλάσματα,
Σωπαίνουνε τα άσματα,
Μακραίνουν οι χειμώνες,
Πίσω μας ξεθωριάζουν οι εικόνες».

ΕΙΜΑΙ ΓΗ

Νιώθω αστέρι σβησμένο
Μακρινού Γαλαξία,
Ξεχασμένος στον κόσμο,
Που δεν έχει αξία.

Νιώθω κάστρο ερείπιο,
Τα τουφέκια φευγάτα,
Βυθισμένη στον όρμο
Γυμνωμένη φρεγάτα.

Νιώθω φάρος, που λείπει,
Ένα φως στην κορφή μου,
Κι η εικόνα χαμένου
Ζωντανή στη μορφή μου.

Νιώθω δέντρο μονάχο
Με τα φύλλα πεσμένα,
Ναρκωμένες τις ρίζες,
Τα κλαδιά κουρασμένα.

Είμαι γη που μου λείπει,
Το νερό της βροχής,
Μόνη χαρά η ελπίδα
Μιας καινούργιας αρχής.

ΜΗΝ ΞΑΝΑΠΕΙΣ ΔΕΝ ΠΡΟΛΑΒΕΣ

Ήταν δυό μάτια μια φορά,
Που με κοιτούσανε,
Και μ' ένα δάκρυ στη ματιά,
Που με ρωτούσανε,
Αν τ' αγαπούσα μια σταλιά,
Πούρθαν τα γκρίζα τους μαλλιά.

Ήτανε μια φορά καρδιές,
Που μ' αγαπούσανε.
Τι νιώθανε για μένανε
Τ' ομολογούσανε.
Μα στο σκοτάδι μιας βραδιάς
Σώπασε ο χτύπος της καρδιάς.

Γίναν ψυχές, κάμαν φτερά,
Ψηλά πετούσανε,
Σαν έκλεινα τα μάτια μου
Μου τραγουδούσανε,
Λόγια σωστά, λόγια σοφά,
Που ως τώρα κράταγα κρυφά:

«Μην ξαναπείς δεν πρόλαβες,
Στα χρόνια, που περάσανε και πάνε,
Να τραγουδήσεις το σκοπό
Του σ' αγαπώ
Σ' αυτούς που σ' αγαπάνε».

ΤΙ ΝΑΝΑΙ ΑΥΤΟ

Είχα κόσμο στο πλάι μου,
Φωνές και φασαρία,
Που πλάθανε με όνειρα,
Του αύριό μου την πορεία.
Μα ξάφνου μου τη στήσανε
Και μοναχό μ' αφήσανε.

Είχα καρδιές, που χτύπαγαν
Στο χτύπο της καρδιάς μου,
Λουλούδια στο κονάκι μου,
Ανθοί της ευωδιάς μου.
Και ξαφνικά χαθήκανε,
Τα φύλλα μαραθήκανε.

Είχα ψυχές, που θάδινα
Το είναι μου στη χαρά τους,
Σε άλλες φωλιές πετάξανε
Σαν κάμαν τα φτερά τους.
Σ' άλλο δεντρί σταθήκανε,
Κι άλλες αγάπες βρήκανε.

«Τί νάναι αυτό, που καρτερώ,
Κουράγιο να μου δώσει;
Ό,τι και νάναι ας φανεί,
Προτού να μου τη δώσει».

ΣΗΜΕΡΑ ΞΥΠΝΗΣΑ ΠΡΩΙ

Σήμερα ξύπνησα πρωί
Και κοίταξα στα περασμένα,
Κι έγιν' η νύχτα μου πρωί
Κι ανθίσανε τα μαραμένα.

Και είδα γνώριμες μορφές,
Κι είδα τοπεία ξεχασμένα,
Σπαρμένα μ' όνειρα του νιού,
Άλλα νεκρά κι άλλ' ανθισμένα.

Σήμερα ξύπνησα νωρίς,
Κι έννοιωσα αισθήματα κρυμένα,
Κι έγιναν τα όνειρα βροχή
Στα μάτια μου τα βουρκωμένα.

Κι είδα ρυτίδες στο σωρό,
Του χρόνου η στάμπα που αφήνει,
Κι έπεσε ο ήλιος σκοτεινός,
Κι ήρθε στον ουρανό η σελήνη.

Οι σκέψεις μου στα χθεσινά
Είναι σα δύναμη στο τώρα.
Κρατάνε το όνειρο ζεστό
Στη ξένη γη, στη ξένη χώρα.

ΤΗΣ ΠΑΤΡΙΔΑΣ

ΑΠ' ΤΑ ΝΕΑ ΤΟΥ ΔΕΚΕΜΒΡΗ 1998

Κάθε μέρα που ξυπνάω,
Το μυαλό μου τυραννάω
Τα παλιά να θυμηθεί,
Που ήταν ασφαλείς οι δρόμοι,
Σταυροδρόμια, τροχονόμοι,
Και πολύ να λυπηθεί.

Όλο ξένοι στα χωριά μας,
Απ' Αθήνα ως Καστοριά μας,
Γειτονιές με ξένο αίμα,
Που πλημμύρισαν οι «εταίρες»
Με παιδιά χωρίς πατέρες
Που σου κλέβουν και το.. βλέμμα.

Ζητιανάκους στα φανάρια,
Σα ζουμπούλια, σα βλαστάρια
Τους θερίζουν οι τροχοί,
Ποδαράκια ματωμένα,
Και χεράκια ξυλιασμένα,
Που θυμίζουν Κατοχή.

Καταργήθηκαν οι...νόμοι,
Κλέβουνε κι αστυνόμοι,
Παρατήθηκε ο Ρωμαίος!
Κλέβουν και τις Ενορίες,
Κλέβουνε και οι Εφορίες,
Μόνος, «άγγιχτος» απομένει
Αβραμόπουλος, ο «Ωραίος».

Ο Σημίτης κι ελιές του,
Ο Θόδωρος με τις κοιλιές του
Με παρλάρες στη Βουλή,
Η Παπανδρέου με το «μάτι»,
Κι ο Γιαννόπουλος δίχως «κάτι»,
Αφού του ζάρωσε η...χολή.

Κι απ' την άλλη τη μεριά
Με δική του δοξαριά,
Που στα λόγια είναι φίνος,
Περιμένει άγια ώρα
Από Κώστας πούναι τώρα
Για να γίνει Κωνσταντίνος.

Ο Αρχιεπίσκοπος γρυλίζει
Και τον Τούρκο φοβερίζει,
Που του έκλεψε την Πόλη,
Το μπουκάλι με το μύρο,
Ένα τσούρμο γύρω-γύρω
Και στη μέση το... Μανώλη.

Γιάννης, Ο Παπαντωνίου,
Επιστήμων, του θρανίου,
Με τον κάθε κουνενέ,
Που βαλθήκαν να μας βάλλουν,
(Κάθε μέρα μας το ψάλλουν),
Σε δυό χρόνια στην ΟΝΕ.

Η παιδεία; Αηδία!
Τον Αρσένη περιμένει,
Για να βγάλει απ' τα σχολεία
Και μολύβια και βιβλία,
Να περνούν από μιά τάξη
Να πηγαίνουνε στην άλλη
Χωρίς ζάλη στο κεφάλι.

Όλοι τρώνε, κι όλοι πίνουν
Και λογαριασμό δεν δίνουν,
Και το ξέρει κι ο πιτσιρίκος,
Τους παχιούς λογαριασμούς,
Απ' τα πολλαπλά τα γλέντια,
Με τα παχουλά αφέντια,
Τους πληρώνει ο λαουτζίκος.

Μεροδούλι, μεροφάι,
Ποιός τον άλλονε να φάει
Βάλαμε σκοπό,
Μίσος κρύβουνε τα λόγια,
Της ζωής μας κομπολόγια,
Πάει το «Σ' αγαπώ».

Τί να πω και τί να γράψω,
Να γελάσω ή να κλάψω;
Μα..., γιατί στενοχωριέμαι
Και στο νου μου τυραννιέμαι;
Όπου νάναι, το Ευρώ
Θα μας φέρει θησαυρό,
Θα πληρώσουμε τα χρέη
Και θα γίνουμε...Ευρωπαίοι.

ΜΕΤΑΝΑΣΤΗ....

....άκουσε: Αν ποτέ, στο διάβα της ζωής σου, αποφασίσεις να γυρίσεις πίσω για να βρεις την Ιθάκη σου, νάχεις πάντα στο νου σου, ότι ο χρόνος τα έχει αλλάξει όλα, έμψυχα και άψυχα. Οι μνηστήρες της Πηνελόπης σου είναι πολυάριθμοι και δεν θα μπορέσεις να τους εξοντώσεις. Ακόμα κι ο σκύλος σου μπορεί να μη σε θυμάται. Πέτα, λοιπόν, ψηλά με τα φτερά των αναμνήσεών σου, αλλά κάποια στιγμή προσγειώσου στην πραγματικότητα. Γιατί, αλλοιώς, ποτέ δεν θα την βρεις.

ΜΕΣΑ ΑΠ' ΤΗΝ ΤΗΛΕΟΡΑΣΗ

«Σπουδάζοντας» τα ελληνικά
Μέσα απ' το «ANTENNA»,
Πέραν απ' το Κολλέγιο,
Πλουτίζει το λεξιλόγιο.
Θας σας να πω ενα-ένα.

Προτού να φύγω ήξερα
Μονάχα το «σαράπ».
Τώρα έμαθα και τ' άλλα,
Του «χαρτιού» το «λίμιτ-ντάουν»,
Του «χαρτιού» το «λίμιτ-άπ».

Άλλοι είναι «τζογαδώροι»,
Κι άλλοι είναι «επενδυτές»,
Εννοώ, για να εξηγούμαι,
«Σοφοκλέους»... μαθητές.

«Ε! Εντάξει» λέει ο ένας,
«Κοίταξε να δεις» ο άλλος,
Έργα με «σπέσιαλ-εφέ»,
Πίνουν τούρκικο καφέ,
Πούναι «κόφι» Παπαγάλος.

Νάτος και ο «κουλοχέρης»,
Νάτος κι ο «οριακός»,
«Εξωπραγματικός» ο ένας,
Ο άλλος «καθοριστικός»

Το ξεχάσαμε το «ναί»,
Μας αρέσει το «Ο-κέυ».
Τούτο το θέμα είναι «καυτό»,
Που το πιάνεις και σε καίει.

Οι φίλοι γίναν «κολλητοί»!
Μπροστά η γλώσσα μας βαδίζει,
Τούτο μ' άφησε «ψυχρό»,
Αλλά εκείνο με «γεμίζει».

Δεν θα σταματήσω εδώ,
Θα πω κι άλλα με τον χρόνον,
Ή, όπως λέμε... ελληνιστί,
Αυτά, κι αυτά «και όχι μόνον».

ΣΤΗΣ ΑΘΗΝΑΣ ΤΟ ΚΕΝΤΡΟ

Με «καταράστηκαν» μια μέρα, καλοκαίρι,
Και βρέθηκα στο Κέντρο της Αθήνας.
Ήταν βαρειά μια τσάντα, που κρατούσα,
Κι ήταν ζεστός ο Ιούλιος ο μήνας.

Ο ταξιτζής τα «μούτρα» τάχε πρόχειρα,
Οι πόρτες του με δυσκολία κλείναν,
Τα καυσαέρια απ' τα ανοιχτά παράθυρα,
Αρχίσαν και στα νεύρα μου μου δίναν.

Στροφή από δω, στροφή από κει, στενά δρομάκια,
Κυκλοφορίας κάθε σήμα για τον τύπο,
Οι διαβάσεις για πεζούς και τα φανάρια.
Ζωηρό τον νιώθω της καρδιάς μου κάθε χτύπο.

Ο ταξιτζής να βάλω δεν με άφηνε
Της ασφαλείας το ζωνάρι, όπως συνήθισα.
Το καυσαέριο, μου είπε, πως το μαύρισε!
Αλλά στο τέλος τα κατάφερα κι επέζησα.

Για όσα «στραβά», που βλέπω στην Πατρίδα,
Δάκρυα έχυσα σε κάποιες μέρες άλλες.
Αυτή τη φορά εγύρισα σελίδα,
Μά... κλάψανε κι οι δυό μου οι μασχάλες.

Η ΚΟΥΡΕΛΟΥ

Ήσουν πολύτιμο χαλί
Στα χρόνια με τα «μάρμαρα»,
Στης Αθηνάς την Αγορά,
Που ημέρωνες τα «βάρβαρα».

Σε περπατήσαν σταυραετοί,
Με καρυοφύλλια, δόρατα,
Φιλόσοφοι να σου μιλούν
Για ορατά κι αόρατα.

Σε τραγουδήσαν μουσικοί
Με λύρες και με τύμπανα,
Που σ' ανεβάσαν στα ψηλά,
Στου ουρανού τα σύμπαντα.

Φίλεψες φίλους και εχθρούς
Με κάθε σου καλύτερο,
Και πήρες πίσω ανταμοιβή,
Ό,τι ήταν το χειρότερο.

Κάπου στο διάβα του καιρού
Άλλαξε το σενάριο.
Σε κάναν να εμπιστευθείς
Το ξένο σεμινάριο.

Το χνούδι χάνει το χαλί,
Εξέφτισες στα σπάργανα.
Έγινες σκέτη κουρελού,
Σωπάσανε τα όργανα.

Βγάζεις την όψη την παλιά
Και ντύνεσαι αλλοιώτικα,
Αλλάζει ο χτύπος της καρδιάς,
Τα χούγια τα ρωμιότικα.

Σε βλέπω τώρα και πονώ!
Ακόμα μια ρυτίδα μου!
Μα ό,τι και νάσαι, σ' αγαπώ,
Γιατί είσαι η Πατρίδα μου!

ΤΟ ΠΙΟ ΟΜΟΡΦΟ ΧΩΡΙΟ

Από τους φίλους πούκαμα
Εις την Αμερική,
Άλλοι γυρίσαν οίκαδε
Κι άλλ' έμειναν εκεί.

Την ξενιτιά, όσοι άφησαν
Και το νοικοκυριό τους,
Ένα ωραίο πρωινό
Γύρισαν στο χωριό τους.

Εις απ' αυτούς τους φίλους μου
Απ' τα βουνά, τα...Ουράλια του,
Πατρίδα εμελέταγε
Και τρέχανε τα σάλια του.

Καριέρα τ' αποφάσισε
Να κάνει στην Πατρίδα,
Πριν το ωραίο του πρόσωπο
Σκεπάσει η ρυτίδα.

Αφού εγκαταστάθηκε,
Γυνή, νοικοκυριό του,
Πήρε και μένα για να ιδώ
Το όμορφο χωριό του.

Πηγαίναμε, πηγαίναμε,
Βράχια και ξεραΐλα,
Κορμούς τα δέντρα είχανε,
Αλλά δεν είχαν φύλλα.

Κάποια στιγμή εφτάσαμε
Κι ο φίλος μου στα... ουράνια.
«Κοίτα να δεις τί ομορφιά»!
Μου λέει με περιφάνεια.

«Τί βλέπεις εσύ»; του απαντώ.
«Τί βλέπεις, που δεν βλέπω»;
Και στη στιγμή του φίλου
Το κέφι το ανατρέπω.

«Δεν βλέπεις τα όμορφα βουνά,
Τα όμορφα λαγκάδια»;
«Τα βλέπω, μα είν' όλα ξηρά,
Ξηρά σαν παξιμάδια».

«Για κοίτα αυτόν τον πλάτανο
Στη μέση της πλατείας,
Το εκκλησάκι του χωριού
Και τον παπά που συγχωρεί
Όλας τας αμαρτίας!

Για κοίτα και το άγαλμα,
Ήρωα του εικοσιένα,
Κοίτα τα όμορφα σπίτια του,
Που είναι ένα κι ένα»!

«Τί να σου πω», του απαντώ.
«Τί βλέπω είναι παράλογο.
Εγώ τα βλέπω όλα γυμνά
Σαν την Γκαντάιβα στ' άλογο.

Ο πλάτανος εγέρασε
Κι αρχίζει να σαπίζει».
Βλέπω τότε του φίλου μου
Το στόμα του ν' αφρίζει.

«Και κείνο κει το άγαλμα
Το βλέπω...ιδρωμένο,
Μες το καταμεσήμερο
Σφοδρά βασανισμένο».

Κι ο φίλος μου δεν άντεξε,
Μου τα είπε μια χαρά.
Μα εγώ με γελια τρανταχτά
Του έκοβα τα φτερά.

Κάποια στιγμή κατάλαβα
Δεν έκανα σωστά.
Και πάραυτα το βούλωσα,
Τα λόγια λιγοστά.

Τώρα τα ξανασκέπτομαι
Και του ζητώ συγγνώμη,
Κι εκτός απ' την συγγνώμη μου
Και κάτι τι ακόμη.

«Φίλε, που βλέπεις όμορφα
Τοπεία στις κορνίζες σου,
Το δίκιο με το μέρος σου,
Αφού αυτό σε γέννησε,
Σου φύτρωσε τις ρίζες σου.

Και η τελευταία σκέψη μου
Κουράγιο να σου δώσει.
Αν δεν επαινείς το σπίτι σου
Θα πέσει να σε πλακώσει.

Κι εκτός αυτού, τί ξέρω γω
Απ' τα χωριά τα ...φίνα;
Εγώ είμαι απ' την πρωτεύουσα,
Εγω είμαι απ' την Αθήνα.

Που να φυτρώσει το δεντρί
Δεν του το επιτρέπουμε,
Και απ' το **νέφος** το βουνό
Ποτέ μας δεν το βλέπουμε.

Τα πολλαπλά τα αγάλματα
Απ' την βρώμα δεν γνωρίζουμε,
Και το άρωμα μες το Μετρό
Ο ιδρώτας, που μυρίζουμε».

ΤΡΑΓΟΥΔΙΑ

ΚΑΛΥΤΕΡΑ ΤΣΙΓΓΑΝΟΣ

Οικογένεια εδώ,
Οικογένεια κι εκεί.
Το ένα πόδι στην Ελλάδα
Τ' άλλο στην Αμερική.

«Πιό καλά νάμουν τσιγγάνος
Δίχως σπίτια και πατρίδες,
Να μην πλάθω όνειρα
Να μην έχω ελπίδες».

Την καρδιά μου τυραννάω,
Ποιούς για να εγκαταλείψω,
Τους εκεί, που περιμένουν,
Τους εδώ που θα τους λείψω.

Την απόφαση την πήρα
Και στις δυό μεριές να ζώ,
Πριν τα χρόνια, που διαβαίνουν,
Να με κάνουνε χαζό.

«Πιό καλά νάμουν τσιγγάνος,
Που η ζωή ένα τσιφτετέλι,
Του Νταλάρα τ' άσματα
Του Θωμά το τέλι».

ΟΙ ΦΩΤΟΓΡΑΦΙΕΣ

Ο Αη-Νικόλας ,σ' άλλη μιά το σπιτικό,
Που μου στολίζουν τον απέναντι τον τοίχο
Κι η τρίτη, που λουζόμαστε στο κύμα,
Στ' αυτιά μου ακούω της θάλασσας τον ήχο.

«Και τις κοιτώ, κι αναπολώ,
Και η καρδιά μου συγκινείται.
Και τις κοιτώ και νοσταλγώ
Και βλέπω κόσμο να κινείται».

Και με τραβήξαν σαν μαγνήτες ένα πρωί
Κι έγινα ένα με ό,τι είδε η φαντασία,
Τα ρούχα του γραφείου μου αλλάζω
Και βιάζομαι να μπω στην οπτασία.

Κι αφήνω πίσω την καρέκλα αδειανή,
Τα εργαστήρια, σκουτούρες και γραφεία,
Στον κόσμο, που τον άφησα στο νου μου,
Του έγνεφα απ' την φωτογραφία.

Ο ΜΠΟΕΜΗΣ

Είμαι Μποέμης της ζωής
Και μη γυρέψεις να με βρεις
Σε μέγαρα και κοσμικά σαλόνια,
Της ξενιτιάς τραγουδιστής,
Των περασμένων εραστής,
Που βασανίζομαι, που πέρασαν τα χρόνια.

«Στην ξένη γη για την πατρίδα η νοσταλγία μου,
Για τα παλιά μου η αγάπη σκλάβο μ' έχουμε,
Γίναν θρησκεία σαν Χριστό και Παναγία μου
Σαν τα σκεφτώ στα μάγουλά μου δάκρυα τρέχουνε».

Το χρήμα δεν το ζήλεψα
Και τώρα που βασίλεψα
Στον ουρανό, που λένε βιοπάλη,
Τα όνειρά μου στα παλιά,
Κι ο νους στης νιότης τη φωλιά,
Ψωμί κι ελιά, χειμώνα με μαγκάλι.

Όσο που ζούσα μακριά
Το καρναβάλι, η αποκριά,
Δεν μπόρεσαν ποτέ να με πλανέψουν.
Τα μάταια τόδα καθαρά
Μες της πατρίδας τα νερά
Πληγές καρδιάς δεν το μπορούνε να γιατρέψουν

ΣΤΙΓΜΑΤΑ

Στίγματα μ' άφησες ζωή
Να σε θυμάμαι,
Σε ό,τι αγαπώ, σε ό,τι ποθώ,
Όπου και νάμαι.

«Εγώ, που τόσο έκλαψα
Στου καθενός τη λύπη,
Τη γη νιώθω απ' τα πόδια μου
Να με εγκαταλείπει».

Μαύρες κηλίδες στην καρδιά,
Στου νου τις σκέψεις,
Τί σούφταιξα και προσπαθείς
Να με ληστέψεις.

Μα την ψυχή δε μπόρεσες
Να κατακτήσεις,
Μάταια π' αγωνίστηκες
Να μου τη στήσεις.

Ακόλαστη και καθαρή
Το σώμα σμίγει
Παρθένα μπήκε στο κορμί
Κι έτσι θα φύγει.

ΤΟ ΧΕΛΙΔΟΝΙ

Είμαι διαβάτης τ' ουρανού,
Που έχω δυό πατρίδες.
Μισή ζωή κοντά σου την περνώ,
Μισή ζωή σε τόπο μακρινό,
Ποτέ σου, που δεν είδες.

«Χελιδόνι-Χελιδόνι
Ο Χειμώνας, που σιμώνει
Θα σε πάρει μακριά μου.
Δώρο, φυλακτό σου δίνω
Ένα μαραμένο κρίνο
Και δυό φύλλα απ' την καρδιά μου».

Φεύγω Φθινόπωρο, που οι ουρανοί
Τα κλάματα αρχινάνε.
Απλώνω τα φτερά,
Τιμόνι μου η ουρά,
Που στο νοτιά με πάνε.

Χειμώνα να τελειώσει καρτερώ
Κοντά σου να γυρίσω.
Την Άνοιξη σου φέρνω,
Τα δάκρυα σου παίρνω,
Μόνο μια χάρη σου ζητώ.
Άσε με το σπιτάκι μου να χτίσω.

Μα συ με διώχνεις! Δεν με θες;
Δεν θέλεις τη ζωή σου να στολίσω;
Της ξενιτιάς κι εγώ,
Που τόσο νοσταλγώ,
Στον τόπο, που με γέννησε, να ζήσω.

ΦΥΤΡΩΣΑ ΑΓΡΙΟΛΟΥΛΟΥΔΟ

Την βολεύω με τα χάπια,
Στη ζωή μου που είναι σάπια,
Σαν αλήτης μες τα πάρκα τριγυρνώ.
Κι αν ντουνιά κάνεις την πάπια,
Την ψευτιά σου δεν κατάπια,
Με το κρύο στο παγκάκι την περνώ.

«Φύτρωσ' αγριολούλουδο,
Μ' αγνή καρδιά και σκέψη,
Δεν βγήκε χέρι ανθρώπινο
Νωρίς να με κλαδέψει».

Δεν κατάφερα να μάθω
Τί μου ήταν γραφτό να πάθω
Και το νόημα να χάσω απ' την ψυχή,
Δεν είχα όνειρα να πλάθω,
Κι ούτε θέλησα να μάθω,
Πως ν' αρχίζω τη ζωή μου απ' την αρχή.

Το κεφάλι βάζω κάτω
Κι όλο βρίσκομαι στον πάτο,
Κατακάθι στο βαρέλι του κρασιού.
Η ζωή μου άδειο πιάτο,
Μόνο φίλο μου ένα γάτο,
Το κουκούτσι στην καρδιά του κερασιού.

ΣΤΕΝΟΧΩΡΙΑ

Πήρα το κλειδί ν' ανοίξω
Την καρδιά μου για ν' αγγίξω,
Και ξεχείλισε ο πόνος
Τόσων χρόνων που είμαι μόνος.

«Στενοχώρια, Στενοχώρια,
Τα χωριά μας που είναι χώρια,
Και χτυπάνε σε δυό χτύπους δυό καρδιές,
Μια στα ντόπια, μια στα ξένα,
Χρόνια παραπονεμένα,
Μ' αναμνήσεις ακρογιάλια κι αμμουδιές».

Κουρασμένα φυλλοκάρδια
Με του ονείρου μου σημάδια,
Πέταξαν σκυφτές οι ώρες,
Πεταλούδες μαυροφόρες.

Με το νου μόνη παρέα,
Στα παλιά, τ' αγνά κι ωραία,
Νέα όνειρα να πλάσω,
Να με πάρουν, να ξεχάσω.

ΤΟ ΟΝΟΜΑ ΜΟΥ ΕΙΝΑΙ «ΕΜΕΝΑ»

Ξυπνώ πάλι με τ' αστέρια
Στου κρασιού τα δυό του χέρια
Και κοιτώ το πρόσωπό μου στον καθρέφτη,
Ταπεινά τον ικετεύω
Φίλο μου τον κολακεύω
Τον παρακαλώ για να με βγάλει ψεύτη.

«Μα βλέπω στον καθρέφτη ένα κουρέλι,
Σαν κοίταγα ένα ξέφραγο αμπέλι,
Ο ένας μπαίνει, ο άλλος βγαίνει,
Δεν ανήκω σε κανένα
Το όνομά μου είναι ΕΜΕΝΑ
Μα κανείς δεν με καταλαβαίνει».

Έχω μιά καρδιά πελώρια
Να χωράει τη στενοχώρια,
Να μπορεί η μιά να μπει κι άλλη να βγαίνει,
Μ' αγαπούν, τις αγαπάω,
Στο κορμί τους ακουμπάω,
Στο φινάλε μια ανάμνηση απομένει.

Η καρδιά, που έχω μέσα
Βλέπει το ντουνιά το μέσα,
Δεν με νοιάζει, πώς με βλέπουνε απέξω.
Τα αισθήματα μετράνε,
Μιά χαρά, μιά με πονάνε,
Τη ζωή μου όπως θέλω θα την παίξω.

ΓΕΛΑ ΚΑΙ ΜΗ ΡΩΤΑΣ ΓΙΑΤΙ

Τώρα που πέρασες τις δύσκολες στιγμές,
Που σου έπλασε του νου σου η φαντασία,
Στον ίδιο κόσμο, μόνο που άλλαξες εσύ,
Ψάξε στο γέλιο σου να βρεις την προστασία.

«Γέλα και μή ρωτάς γιατί,
Λέξεις απλές ν' ακολουθείς και να θυμάσαι
Φεύγει η ζωή σαν τ' ουρανού την αστραπή
Και δεν αξίζει να πονάς και να λυπάσαι».

Είναι το γέλιο η ασπιρίνη της καρδιάς,
Είναι το βάλσαμο να γειάνει τον καϋμό σου,
Είναι το φάρμακο του νου της γιατρειάς,
Να βρεις ξανά χαμένο κόσμο, το δικό σου.

Δεν σου κοστίζει ούτε δραχμή για να γελάς,
Δώρο Θεού, που στον καθένα το έχει δώσει,
Σκληρή η ζωή, χωρίς του γέλιου συντροφιά,
Θα σ' αφανίσει, θα χαθείς, θα σε σκοτώσει.

ΜΑΠΑ ΒΓΗΚΕ ΤΟ ΚΑΡΠΟΥΖΙ

Σε πήρα απ' τα σκοτεινά
Και σου έδωσα το φως σου,
Δεν ρώτησα ποιά ήσουνα,
Σε γλύτωσα απ' το σίφουνα
Κι έγινα εραστής σου κι αδελφός σου.

«Μα μ' άφησες στη βαρυχειμωνιά,
Την τύχη σούφερα, με φώναξες γρουσούζι,
Μοναχός επλάγιασα,
Μοναχός ξεπάγιασα,
Μάπα, όπως λένε, βγήκε το καρπούζι».

Σε έκαμα βασίλισσα,
Σου φόρεσα και στέμμα,
Πήρες απ' τα στήθεια μια καρδιά
Μια φεγγαρόλουστη βραδιά,
Με πλήρωσες μ' αχαριστία και ψέμα.

Σούδωσα την αγάπη μου,
Στα υπόγεια σου φεγγίτη,
Τρελλαίνομαι σαν το σκεφτώ
Που άφησες μένα τον αετό
Και φώλιασες μ' ένα κοινό σπουργίτη.

ΕΓΩ...ΕΣΥ

Εγώ προσθέσεις κάνω
Κι εσύ στις αφαιρέσεις,
Τα πολλαπλασιάζω
Κι εσύ στις διαιρέσεις.
Εγώ τα βάζω
Κι εσύ τα βγάζεις
Και με ταράζεις.

«Το αίσθημά μου στην καρδιά σου
Σαν φιλοξενούμενο,
Κάποια μέρα θα πληρώσεις,
Ένα το κρατούμενο».

Εγώ παλάτια χτίζω
Κι ερείπια τα κάνεις,
Με τα καμώματά σου
Στον τάφο θα με βάνεις.
Εγώ στεργιώνω
Κι εσύ γκρεμίζεις,
Δεν με γεμίζεις.

«Το αισθήματά μου στην καρδιά σου
Σα φιλοξενούμενα,
Κάποια μέρα θα πληρώσεις
Δύο τα κρατούμενα».

Εγώ αετός πετάω
Κι εσύ πεζή στους δρόμους,
Εγώ στο φως της μέρας
Κι εσύ στους υπονόμους.
Εγώ στον νόμο,
Κι εσύ σκοτάδι
Δίχως ένα χάδι.

«Τα αισθήματά μου απ'την καρδιά σου,
Σαν πουλιά πετούμενα,
Ό,τι σου άξιζε το πήρες,
Τρία τα κρατούμενα.

ΤΡΙΑΝΤΑΦΥΛΛΑ ΚΛΕΙΣΤΑ

Σ' έχασα αγάπη μου
Στο μικρό ακρογιάλι,
Στα χαλίκια και στην αμμουδιά,
Όμως στο υπόσχομαι
Θα σε βρω και πάλι
Όσο χτυπάει μέσα μου ζωντανή η καρδιά.

«Εσύ κι εγώ
Είναι της μοίρας μας γραμμένο
Να μη μπορέσουμε να ζούμε χωριστά.
Βάνε συ το άρωμα
Κι εγώ τα φύλλα βάνω,
Για ν' αναστήσωμε τριαντάφυλλα κλειστά».

Δεν το καταλάβαμε
Μόνοι πως δεν ζούμε,
Τα δέντρα δεν φυτρώνουν στα ξερά.
Όσο και να ψάχνουμε
Την χαρά να βρούμε,
Τ' αηδόνια δεν πετούν χωρίς φτερά.

Μ' έδιωξες και σ' έδιωξα
Μοιρασμένο λάθος,
Το αίσθημα δεν ήταν της σειράς.
Ήσουνα το πάθος μου
Κι εγώ δικό σου πάθος
Μας χώρισε η δόξα κι ο παράς.

ΕΙΜΑΙ ΤΟΥ ΛΑΟΥ ΠΑΙΔΙ

Με το «πλαστικό» στο χέρι,
Φαγητό για μεσημέρι,
Ξεκινάω κάθε πρωί για τη δουλειά μου,
Μοναχός το ετοιμάζω,
Μοναχός το δοκιμάζω,
Κι είν' ο σκύλος μου η μόνη φαμιλιά μου.

«Είμαι του λαού παιδί,
Που ανάβω σα δαδί,
Και τα μέα μου τα καίω στα μπουζούκια.
Τί θα γίνω δε με νοιάζει,
Η ζωή δε με τρομάζει,
Και αντέχω στα δικά της τα χαστούκια».

Στο σχολείο που επήγα
Τα κορίτσια εκυνήγα,
Και δεν ξέρω Φυσική και Ιστορία.
Της ζωής την κάθε φάτσα,
Έμαθα μέσα στην πιάτσα,
Που μου έλυσε την κάθε μου απορία.

Έχω μια φιλοσοφία
Πως δεν έχει σημασία,
Αν στο δρόμο σου σκοντάψεις και χτυπήσεις.
Σημασία μόνον έχει,
Που το νου μου τον κατέχει,
Αν μπορείς να σηκωθείς να συνεχίσεις.

Δύσκολες στιγμές περνάω,
Μέρες φεύγουν και γερνάω,
Μα χαμόγελο δε λείπει από τα χείλη.
Μα όσο και να υποφέρω,
Κατά βάθος μου το ξέρω,
Πως θα φύγω με το γέλιο ένα δείλι.

ΚΑΤΩ ΑΠ'ΤΗΣ ΖΩΗΣ ΤΗΝ ΤΕΝΤΑ

Αργά που το κατάλαβα,
Σαν νάταν και μετάλαβα,
Με της ζωής μου το πικρό κρασί.
Με πρόδωσαν οι φίλοι μου,
Οι άνθρωποι, οι σκύλοι μου,
Και στο φινάλε τόκαμες και συ.

«Κάτω απ' της ζωής την τέντα,
Άφησα την πόρτα τέντα,
Μπήκες χρόνε στη ζωή μου
Και μου τρώγεις το κορμί μου».

Λυπάμαι δεν σε πρόλαβα,
Μ' έκανες και κατάλαβα,
Πως σύντομα τα χρόνια και γερνώ.
Από το χθες στο σήμερα,
Είναι η ζωή μια χίμαιρα,
Στο φως, στη λάμψη αστραπής περνώ.

Ο νους μ' όλο ζωντάνια,
Το σώμα στην αφάνεια,
Στερνή μου που θα κάνω προσευχή,
Όσα λέω για τον πόνο μου
Να γελάσουνε το χρόνο μου
Και να φύγουν αγκαλιά με την ψυχή.

ΑΝΟΙΞ' ΤΑ ΠΑΡΑΘΥΡΙΑ ΣΟΥ

Κλεισμέμη μες το «είναι» σου
Το απομονωμένο,
Έδιωξες κείνον π' αγαπάς,
Σαν τούπες φύγε, αν θες να πας,
Είναι ο δρόμος ανοιχτός
Και το σκυλί δεμένο.

«Άνοιξ' τα παραθύρια σου
Να μπούν οι ηλιαχτίδες,
Να πάρουν το σκοτάδι σου,
Να νιώσουνε το χάδι σου,
Να σβήσουν του βιβλίου σου
Τις μαύρες του σελίδες».

Μην παρασταίνεις μάρτυρα,
Ψυχή αδικημένη,
Από τους φίλους ορφανή,
Κι η βάρκα σου χωρίς πανί,
Χωρίς πυξίδα και κουπιά,
Και μες τον κόσμο ξένη.

Άσε την πόρτα ορθάνοιχτη
Να μπει το μαϊστράλι,
Να πάρει απ' τα μάτια σου
Το δάκρυ, τα γινάτια σου,
Με το βοριά για χάρη σου
Να φέρει αγάπη άλλη.

ΠΟΤΙΖ' ΟΛΕΣ ΤΙΣ ΓΛΑΣΤΡΕΣ ΣΟΥ

Τις αναμνήσεις να κρατάς,
Σαν φυλαχτό στα στήθεια,
Πολύτιμες σαν το χρυσό
Κι αγνές σαν την αλήθεια.

«Πότιζ' όλες τις γλάστρες σου
Βασιλικού και δυόσμου,
Αν τα μαράνουν οι καιροί,
Να τ' αναστήσει δε μπορεί
Το δάκρυ όλου του κόσμου».

Κράτα φιλίες ζωντανές,
Στον κόσμο σου διαμάντια,
Σπηλιές στη θύελλα της ζωής,
Στην παγωνιά σου γάντια.

Κράτα τα όνειρα νωπά,
Κι ελπίδα όλο ζωντάνια,
Κράτα τον κόσμο σου κοντά,
Μην μείνεις στην ορφάνια.

ΓΡΑΨΕ ΜΟΥ ΚΑΙ ΜΕΝΑ ΜΠΑΡΜΠΑ

Θαρρώ το πως με ξέχασες,
Απ' τα μάτια σου που μ' έχασες
Και δεν μου στέλνεις γράμματα,
Και πνίγομαι στα κλάματα.

«Γράψε μου και μένα μπάρμπα,
Που είμαστε απ' την ίδια γέννα,
Που τεντώσαμε τις ρίζες
Κι ακουμπήσαμε στα Ξένα,
Γράψε μπάρμπα μου και μένα».

Στα περασμένα που είμαστε,
Θυμάσαι που καθόμαστε,
Γράφαμε ο ένας στον άλλονε
Το πόνο το μεγάλονε.

Τώρα έχεις άλλη αγάπη
Και παριστάνεις το σατράπη,
Και μου πασάρεις στα ύπουλα
Του τραπεζιού τα ψίχουλα.

ΓΙΑΤΙ ΔΕΝ ΓΙΝΕΤΑΙ

Αρχίσαμε το δρόμο μας αντάμα,
Το ίδιο μούδινε και σούδινε το κλάμα,
Και ξαφνικά πήραμε οι δυό μας χώρια στράτα,
Κι έγινα εγω ένα σκυλί και συ μιά γάτα.

«Γιατί δεν γίνεται με μας
Να σ' αγαπώ, να μ' αγαπάς,
Να σε κοιτώ, να με κοιτάς,
Να μην νοιαζόμαστε για άλλο,
Και να χορεύουμε μαζί
Το ίδιο εγώ το ίδιο εσύ,
Αντί ρεμπέτικο εγώ
Κι εσύ το μπάλλο».

Στα σοβαρά δεν παίρνω τη ζωή μου,
Την καλοδέχομαι την λύπη στην ψυχή μου,
Εσύ βασανίζεσαι στου μέλλοντα τη μπόρα,
Κι όλο ξεχνάς πως η ζωή έχει και «τώρα».

Βιβλία δεν μ' αρέσει να διαβάζω,
Θέλω τις νύχτες να γλεντώ και να τα σπάζω,
Κι εσύ την βρήσκεις με θρανία και σχολεία,
Στους δυό μας έβαλες και παύλα και τελεία.

ΓΙΑΤ' ΕΙΜΑΙ ΑΝΘΡΩΠΟΣ ΚΙ ΕΓΩ

Ό,τι κάνω εγώ για σένα
Δεν το κάνω από συμφέρο.
Βγαίνει μέσα απ' την καρδιά μου
Και το ξέρεις και το ξέρω.
Μόνο αντάλλαγμα ζητάω
Να σε βλέπω όπου κι αν πάω.

«Γιατί είμαι άνθρωπος κι εγώ,
Κι έχω αισθήματα,
Σαν θεατρίνος στη σκηνή,
Που καρτερώ μ' υπομονή,
Για δυό χειροκροτήματα».

Ό,τι γράφω εγώ για σένα,
Κάθε λέξη με ουσία,
Πως θα μείνω ο «δικός» σου
Ως την άλλη παρουσία.
Αντίδωρο δεν περιμένω,
Μόνο μην με νοιώθεις ξένο.

Ό,τι βλέπω εγώ σε σένα,
Είν' ένα δεύτερο εγώ μου,
Τα παλιά, τα περασμένα,
Τα όνειρα, τα νοσταλγώ μου.
Ένα δώρο να μου δώσεις,
Στα στερνά μη με προδώσεις.

ΣΤΟ ΦΥΛΛΟ ΜΙΑ ΔΡΟΣΟΣΤΑΛΙΑ

Σε γνώρισα το δειλινό,
Μονάχο που με βρήκες,
Τα μάτια μου σ' ανοίξανε
Και στην καρδιά μου μπήκες.

«Καμαρούλα μιά σταλιά
Ολόκληρη η ζωή σου,
Πουλάκι με χωρίς λαλιά,
Στο φύλλο μιά δροσοσταλιά,
Σέ πήρε ο ήλιος το πρωί σου».

Σε ρώτησα για να μου πεις,
Ποιός σ' έφερε στον κόσμο,
Μιά γλάστρα μες τη μνήμη σου,
Συντρόφισσα στο δυόσμο.

Τα μέτραγες τα λόγια σου,
Τα μάτια σου μιλούσαν,
Που στο σκοτάδι λάμπανε,
Το σώμα μου φιλούσαν.

Μικρό αστεράκι τ' ουρανού,
Πούσβησες πριν να φέξει,
Μ'άφησες με το δάκρυ μου
Το στρώμα μου να βρέξει.

ΤΟΥ ΦΘΙΝΟΠΩΡΟΥ ΤΗΝ ΟΡΓΗ

Πέφτει το φύλλο απ' το κλαρί,
Φεύγει το χελιδόνι,
Μου ξεγυμνώνεται η καρδιά,
Μ' εγκαταλείπουν τα παιδιά,
Μένει η ζωή μου μόνη.

«Του Φθινοπώρου την οργή,
Πώς να μπορούσα στη ζωή μου ν' αποφύγω,
Με κηνυγάει απ' τα χρόνια τα παλιά,
Μέχρι την ώρα που θα φτάσει για να φύγω».

Τα πρωτοβρόχια φτάνουνε,
Σα δάκρυα οι στάλες
Μουσκεύουνε τα μάτια μου,
Έρημα τα παλάτια μου,
Δεν έχω αγάπες άλλες.

Τα διψασμένα χώματα,
Που τη βροχή ρουφάνε,
Με αρώματα, που αχνίζουνε,
Το «τέλος» μου θυμίζουνε,
Στα σκοτεινά με πάνε.

ΑΝΟΙΞΕ ΤΗΝ ΠΟΡΤΑ ΤΗΣ ΚΑΡΔΙΑΣ ΣΟΥ

Με κοιτάς στα μάτια,
Δεν μου λες τί έχεις,
Τα μετράς τα λόγια,
Τί θα πεις προσέχεις.

«Άνοιξε την πόρτα της καρδιάς σου
Να μπω να μάθω και να ιδώ τί σε πονά,
Που οι μόνοι φίλοι σου είναι τα δάκρυά σου,
Στα πρωινά σου και στα δειλινά».

Σε πονώ στ' αλήθεια,
Έχε εμπιστοσύνη,
Δείξε και σε μένα
Λίγη καλωσύνη.

Το δικό σου αίμα
Στη δική μου φλέβα,
Άσε το σκοτάδι
Και στο φως ανέβα.

Μες τη γη με βάζεις,
Που παλεύεις μόνος.
Το δικό σου δάκρυ,
Ο δικός μου πόνος.

ΓΡΑΨΕ ΜΟΥ ΚΑΤΙ ΝΑ ΧΑΡΩ

Μη μου γράφεις πιά για λύπες,
Δάκρυα και στενοχώρια,
Για όσους μείνανε κοντά μας,
Για όσους μακριά και χώρια.

«Γράψε μου κάτι να χαρώ,
Αστείο ή και σοβαρό.
Όσο και δύσκολη να κάνουνε τη μέρα μας,
Κι αν μας μαυρίζουν το γαλάζιο του αιθέρα μας,
Μην απορείς, δεν απορώ,
Θα ξεχαστούν με τον καιρό».

Κράτα μόνο τη χαρά σου
Βγάλ' τα μαύρα, ντύσου στ'άσπρα,
Διώξε τη λύπη απ' την καρδιά σου,
Κοίτα τ' ουρανού μας τ' άστρα.

Όλα ήτανε γραμμένα
Από θεϊκό ένα χέρι,
Διώξ' τη βαρυχειμωνιά σου
Νιώσε μέσα καλοκαίρι.

Της ζωής τα μάτια δύο,
Τόνα πάντα βουρκωμένο,
Δες τον κόσμο σου με τ' άλλο ,
Πούναι στη χαρά λουσμένο.

ΚΑΙ ΤΑ ΒΓΑΖΩ ΕΝΑ-ΕΝΑ

Τόσα πούχω στιβαγμένα
Στης καρδιάς τα φυλλοκάρδια,
Μου γινήκαν εφιάλτες
Στου χειμώνα μου τα βράδυα.

«Μα τα βγάζω ένα-ένα,
Χρόνια πέτρινα, θαμμένα,
Απ' το αίμα μου,
Που σκοτείνιαζαν του νου μου,
Το γαλάζιο τ' ουρανού μου
Και το βλέμμα μου».

Γιορτινές στιγμές, θυμάμαι,
Στη γωνιά τη σπιτικιά μας,
Που δεν έβρισκε ο Αη-Βασίλης
Και την πόρτα την δικιά μας.

Τα καλά του κόσμου όλου
Φανταζόμουνα πως τάχα,
Και μου γέμιζε η καρδιά μου
Με τα όνειρα μονάχα.

Κάθε ανάμνησης της βγάζω
Κάθε ασχημιά και πόνο,
Τήνε ντύνω σ' άσπρο χρώμα
Και δεν σβήνει με το χρόνο.

ΜΑ! ΘΑ ΞΑΝΑΝΑΨΩ ΤΗ ΦΩΤΙΑ

Χώρια τόσα χρόνια μια ζωή
Την σπαταλήσαμε,
Κι ο ένας μας τον άλλον μ' απονιά
Τον τυραννήσαμε.

«Μα! Θα ξανανάψω τη φωτιά
Μ' ένα δαδί,
Και θα χωρήσω τα νερά του χωρισμού
Σαν Μωϋσής μ' ένα ραβδί,
Για να περάσω,
Στη δικιά σου ζεστασιά,
Να διώξω την απελπισιά,
Προτού γεράσω».

Πόσες, που ανοίξαμε πληγές,
Σε άδεια σώματα,
Τί κι αν κατακτήσαμε κορφές
Και τόσα υψώματα.

Κράτα μου τη γη να κατεβώ
Στα μονοπάτια μου,
Να γυρίσω πίσω και να βρώ
Το φως στα μάτια μου.

Νάταν νάχα ακόμα μια ζωή
Να σου την έδινα,
Και τις σκέψεις μου σ' άλλο ρυθμό
Να στις παρέδινα.

«Μα! Θα ξανανάψω τη φωτιά
Μ' ένα δαδί,
Και θα χωρίσω τα νερά του χωρισμού
Σαν Μωϋσής μ' ένα ραβδί,
Για να σε φτάσω,
Στο πλευρό σου να σταθώ
Ν' αναστηθείς, ν' αναστηθώ,
Προτού σε χάσω».

ΕΙΜΑΣΤΕ ΣΑΝ ΔΥΟ ΛΟΥΛΟΥΔΙΑ

Είμαστε σαν δυό λουλούδια
Στου βουνού μας την πλαγιά,
Βάλθηκες να με μαράνεις
Πρωινό Πρωτομαγιά.

«Πήραν τα μυαλά σου αέρα
Και με κάνεις παραπέρα,
Βάζεις πλώρη και πανιά
Για καινούργια γειτονιά».

Η ζωή απ' τα περασμένα
Σα σκουπίδι στο στρατί,
Έπεσα άρρωστος, μονάχος,
Και δεν ξέρω το γιατί.

Πήρες τη χαρά του τότε,
Στο σκοτάδι περπατώ,
Στην ομίχλη το αύριό μου,
Τόχω ρίξει στο πιοτό.

ΕΤΣ' ΕΙΜΑΙ ΕΓΩ

Όπου κι αν κοιτάξεις θα με βρεις
Να σιγοπίνω,
Για ό,τι πει ο κοσμος μια δραχμή
Ποτέ δεν δίνω.
Μη μου βασανίζεις το μυαλό
Μ' αυτό και κείνο.

«Έτσ' είμαι εγώ, τ' ομολογώ
Και μη γυρεύεις να μ' αλλάξεις,
Κι αν όπως είμαι δεν με θες,
Τότε μπορείς να με πετάξεις».

Μου αρέσει μόνο η συντροφιά
Με το πιοτό μου,
Νάχω έν' αφέντη μοναχά,
Τον εαυτό μου,
Κι αν ακόμα φτάσω στη ζωή
Στα εκατό μου.

Σε είχα τόσα χρόνια, Μοναξιά,
Τον έρωτά μου,
Φίλη μου, Μητέρα κι αδελφή
Στα βήματά μου.
Μη μου παίρνεις τη στερνή χαρά
Στο Γολγοθά μου.

ΧΡΩΜΑΤΑ

Δόστε μου μπογιές κι ένα πινέλο,
Να βάψω τη ζωή σου όπως θέλω,
Να διώξω όλη τη λύπη
Να φέρω, ό, τι σου λείπει,
Να κάμω μ' άσπρο χρώμα τον Οθέλλο.

«Τα σκοτεινά τα χρώματα
Δεν σε γεμίζουνε,
Τον κόσμο πούχεις μέσα σου
Δεν καθρεφτίζουνε».

Φέρτε μου μπογιές να ζωγραφίσω,
Την κάθε σου ρυτίδα να την σβήσω,
Τα χρόνια να σου πάρω,
Να μην φοβάσαι Χάρο,
Με τ' ουρανού το τόξο να σε ντύσω.

Δόστε μου μπογιές, για να σ' αλλάξω,
Το φως απ' το σκοτάδι να σου τάξω,
Παιδί ξανά να γίνεις
Στη θύμηση «εκείνης»
Καινούργια σου σοκάκια να χαράξω.

«Τα φωτεινά τα χρώματα
Που σου ταιριάζουνε,
Φόρα τα χάντρες στο λαιμό,
Μη σε ματιάζουνε».

Η ΑΔΙΚΙΑ ΣΟΥ

Οδοιπόρος περπατούσα
Ανηφόρες, κατηφόρες,
Μόνος πάλαιψα τη φτώχεια
Σε γνωστές και ξένες χώρες.

Δεν ζητούσα ελεημοσύνη
Μιά δεκάρα στο τασάκι.
Άνθρωπο έψαχνα να βρώ,
Μα βρήκα ένα ανθρωπάκι.

«Φθινοπωριάτικο ένα βράδυ να το ξέρεις,
Που οι τύψεις θα σε κάμουν να υποφέρεις,
Θα πληρωθεί η τόση η κακία σου.
Απρόσωπο θα στείλει καβαλάρη,
Κι ό,τι έχει απομείνει θα το πάρει,
Μόνο στις θύμησες θα μείνει η αδικία σου».

«Αδικία» τ' όνομά σου
Να ταιριάζει στη μορφή σου,
Ως το κόκκαλο αδικία
Απ' τον πάτο ως την κορφή σου.

ΤΟ ΚΑΛΟΚΑΙΡΙ ΠΟΥ ΘΑ 'ΡΘΕΙ

Θυμάμαι,πόσες μέρες σπαταλήσαμε
Μ' ασήμαντα και σοβαρά,
Αντί να βρούμε τη χαρά
Σ' αυτά, που αγαπήσαμε.

«Το Καλοκαίρι, που θα 'ρθει,
Να μην τ' αφήσεις να χαθεί
Σαν την σκιά που χάνεται,
Όταν ο ήλιος σβήνει,
Όνειρο που δεν πιάνεται,
Που το άγγιγμα του χρόνου
Στη λησμονιά τ' αφήνει».

Θυμάμαι,τόσες ώρες, που αφήσαμε,
Στους λεπτοδείχτες ρολογιού
Και τα λουλούδια το Μαγιού
Ποτέ μας δεν μυρίσαμε.

Θυμάμαι,τόσα αισθήματα, που χάθηκαν,
Στη μαύρη άβυσσο του νου,
Συννεφιαμένου ουρανού,
Ζουμπούλια ,που μαράθηκαν.

ΔΕΝ ΘΕΛΩ ΠΙΑ Σ' ΑΓΑΠΩ

Μονόδρομος δεν είναι η αγάπη μας,
Είναι να παίρνεις και να δίνεις,
Κουράστηκα να δίνω μια ζωή
Κι εσύ την πόρτα να μου κλείνεις.

«Δεν θέλω πιά να σ' αγαπώ,
Αφού για σκλάβο σου με θες,
Ξεχνάς το σήμερα , το χθες,
Τα χρόνια πούζησες με μένα,
Τους όρκους πούδινες συχνά,
Ο νους δεν πρέπει να ξεχνά,
Πως θάσουνα για μένανε
Και θάμουνα για σένα».

Ήμουνα η σκιά σου μες το διάβα σου,
Κι εγώ λουσμένος στο λιοπύρι,
Το δάκρυ ιδρώτας που σταλια-σταλιά
Μες του κρασιού μου το ποτήρι.

Μούβγαλες κάθε αίσθημα από μέσα μου,
Νιώθω δεντρί ξεγυμνωμένο,
Αηδόνι κρεμασμένο στο κλουβί,
Που το τραγούδι του σβησμένο.

ΑΣ ΟΨΟΝΤΑΙ ΟΙ ΦΙΛΟΙ ΜΟΥ

Ήμουν στις δόξες μια φορά,
Ήμουν στα μεγαλεία,
Και ξαφνικά ένα πρωί
Μου βάλανε τελεία.

«Μη με κοιτάς ,που έπεσα,
Στο πρώτο σκαλοπάτι,
Ας όψονται οι φίλοι μου,
Που μούβγαλαν το μάτι».

Από το πρώτο το σκαλί
Ανέβηκα στα ύψη,
Μα η τύχη το αποφάσισε
Να με εγκαταλείψει.

Και τώρα πάλι απ' την αρχή
Και με μεγάλο πόνο,
Παλεύω ανθρώπινα στοιχειά
Παλεύω και το χρόνο.

Μα ξέρω εγώ ,ποιός είμ' εγώ,
Αργά και λίγο-λίγο,
Θα ξανανέβω στην κορφή,
Κι απ' την κορφή θα φύγω.

ΣΤΗΣ ΛΗΣΜΟΝΙΑΣ Τ' ΑΥΛΑΚΙ

Το νου παιδεύω για να ιδεί
Τα χρόνια που περάσανε,
Τις πέτρινες τις εποχές
Κι αυτά που με γεράσανε.

« Μπήκα κι εγώ ένα πρωινό
Στης λησμονιάς τ' αυλάκι,
Κι άρχισα να τα λησμονώ
Κείνα τα χρόνια τα παλιά,
Που άφησα με μια δρασκελιά,
Πούμουν μικρό παιδάκι».

Κουράστηκα να τραγουδώ
Τραγούδια πονεμένα,
Που ήμουνα νιός και πάλευα
Με κύματ' αφρισμένα.

Τώρα ξυπνάω με την αυγή
Και με το Καλημέρα,
Να φύγει ο ήλιος καρτερώ
Να πω το Καλησπέρα.

ΚΟΙΤΑΞΕΣ ΜΑ ΔΕΝ Μ' ΕΙΔΕΣ

Κάποτε που μ' αγάπαγες
Κι εγώ που σ' αγαπούσα,
Λέγαμε πως θα ζεις για με
Κι εγώ για σε θα ζούσα.

«Σε είδα χθες στα στέκια μας
Κοίταξες μα δεν μ' είδες,
Να σμίξουμε σαν τα παλιά
Μούκλεψες τις ελπίδες».

Σε είχα σαν ήλιο τ' ουρανού
Κι εγώ μικρό φεγγάρι,
Μούδινες φως και ζεστασιά,
Στη στράτα μου φανάρι.

Μα η τύχη μου δεν κράτησε
Και πριν το καταλάβω,
Μούδωσες το πικρό κρασί
Να πιώ, να μεταλάβω.

ΜΗ ΜΕ ΡΩΤΑΣ

Σαν ήμουνα μικρό παιδί
Το φως ποτέ δεν είδα,
Δεν είχα όνειρα στο νου
Κάτω απ' τον ήλιο ελπίδα.

Μα ήμουν στ' αδέρφια μου κοντά,
Στη ζεστασιά της Μάνας,
Στο δάκρυ που αργοκυλά
Στο χτύπο της καμπάνας.

«Μη με ρωτάς ποιός είμ' εγώ,
Και τί σκοπός με σπρώχνει,
Για τα παλιά που νοσταλγώ,
Γιατί η ζωή με διώχνει».

Ο χρόνος μου άλλαξε το νου,
Και μούκοψε το νήμα,
Η ξενιτιά με γέλασε
Κι αγάπησα το χρήμα.

Μα τώρα στα γεράματα,
Που σβήνουνε τα φώτα,
Οι αναμνήσεις με τραβούν
Στα χρόνια μου τα πρώτα.

« Μη με ρωτάς τί θα γενώ
Κι η τύχη τί θα φέρει,
Τόνα μισό όταν χαίρεται,
Το άλλο μου υποφέρει».

ΤΙ ΚΙ ΑΝ ΜΕ ΠΟΤΙΣΕΣ

Μούστειλες μιαν επιστολή
Φόραγ' ακόμα τη στολή
Του στρατιώτη.
Και διάβασα μες τη σκοπιά
Δεν θάμαστε ένα τώρα πιά
Αγάπη πρώτη.

«Τί κι αν με πότισες κρασί
Με την οκά, με τη μισή,
Να πιώ να σε ξεχάσω,
Σκυφτός στους δρόμους τριγυρνώ
Σκυφτός τις μέρες μου περνώ,
Που θα σε ξεχάσω».

Μ' άφησες μήνυμα γραφτό
Στο σταθερό, στο κινητό
Τηλέφωνό μου,
Να πάψω πια να σε ποθώ,
Μα πώς μπορώ ν' απαρνηθώ
Τον εαυτό μου;

Μου μήνυσες με τον αετό
Της μοίρας μας πως είν' γραφτό
Χώρια να ζούμε.
Στον πάνω κόσμο αφήνω γειά,
Στον κάτω, μια Πρωτομαγιά,
Ίσως βρεθούμε.

ΜΙΚΡΗ ΜΟΥ ΚΥΡΙΑ

Σε βλέπω κάθε πρωινό
Μες την βαρειά μου μοναξιά,
Εσύ ντυμένη μ' ένα άσπρο νυχτικό
Κι εγώ στου μπογιατζή τη φορεσιά.

«Μικρή μου κυρία-Παλιά ιστορία,
Εγώ δίχως σπίτι-Ζωή ερημίτη
Κι εσύ στα παλάτια-Βαμμένα τα μάτια,
Στου γέρου τα χάδια-Καρδιά πούναι άδεια».

Σε βλέπω και σε λαχταρώ,
Και κείνος σου χαϊδεύει τα μαλλιά,
Τα μάτια σου γυρνούνε και με βρίσκουνε
Σκυμένο με μια βούρτσα αγκαλιά.

Λεφτά δεν έχω για μπιζού,
Εξόδους, Κολωνάκια τις βραδιές,
Μα τα αισθήματα τα έχω περισσά,
Που φτάνουν να γεμίσουν δυό καρδιές.

«Μικρή μου κυρία-Πικρή ιστορία,
Φτωχά θα σε ντύσω-Μα δεν θα σ' αφήσω,
Παράτα τα πλούτη-Την ζωή σου ετούτη,
Το χρήμα περνάει-Μα η αγάπη μετράει».

ΚΑΙΡΟΣ ΝΑ ΤΑ ΜΑΖΕΥΟΥΜΕ

Κακά τα ψέματα Θωμά,
Όμως μην σε τρομάζουν
Τα χρόνια μας που σώθηκαν
Και οι καιροί π'αλλάζουν.

Με δυσκολία περπατάς
Και λιγοστά κοιμάσαι,
Τους φίλους σου, που γνώριζες,
Τώρα δεν τους θυμάσαι.

«Τί τα θες και τί τα θέλω
Το σώμα ας μην παιδεύουμε,
Απόφαση ας το πάρουμε
Καιρός να τα μαζεύουμε».

Το καβουράκι που φοράς
Φαίνεται σα μεγάλο.
Σούρωσε το κεφάλι σου
Καιρός να πάρεις άλλο.

Τί περιμένεις ρε Θωμά;
Τί έχεις να κερδίσεις,
Αφού την άλλη Κυριακή
Θα τα εκατοστίσεις;

Η ΣΥΝΕΙΔΗΣΗ

Σε γνώριζα μικρό παιδί
Στις φτωχικές γωνιές μας,
Στα φτωχικά τα στέκια μας,
Στις πρώτες γειτονιές μας.

Χώρια το δρόμο πήραμε,
Μ' άλλες φιλοδοξίες,
Άλλες οι δικιές μου ήτανε
Κι άλλες οι δικιές σου αξίες.

«Βήματ' αν νιώσεις πίσω σου
Θα είναι η συνείδηση.
Σε πήρε πάλι είδηση,
Που φεύγεις μοναχός,
Τότε που πόναγ' η καρδιά
Είχες της νιότης ευωδιά
Και ήσουνα φτωχός».

Κράτησα τα αισθήματα,
Για ν' αγαπώ τον κόσμο,
Να σταματώ στο διάβα μου
Για να χαρώ το δυόσμο.

Διάλεξες μόνος σου να ζεις
Στον πλούτο τ' ουρανού σου,
Μυρμήγκια ο κόσμος γύρω σου,
Πρίγκηπας μες το νού σου.

ΤΑ ΜΑΤΙΑ ΣΟΥ ΑΝΟΙΞΕ

Τα μάτια σου άνοιξε τα δυό
Και κοίτα τη ζωή μας τη μπαμπέσα
Μέσα απ' ανθόσπαρτους αγρούς,
Κι απ' τα λουλούδια μέσα.

«Ρίξε το βλέμμα πέρα απ' τα βουνά,
Τις μέρες μην πικραίνεις,
Σύντομη είναι η ζωή
Κι άλλο μην την μικραίνεις».

Τα μάτια σου άνοιξε τα δυό
Και κοίτα τη ζωή μέσα απ' τ' αστέρια,
Πιάσε τα τόξα του ουρανού
Γερά στα δυό σου χέρια.

Τα μάτια σου άνοιξε τα δυό
Το φως τους τις στιγμές μας να φωτίσει,
Δώσε ευτυχία και σε μας,
Πριν φτάσουμε στη δύση.

ΜΟΥ ΠΕΤΑΣ ΚΑΙ ΤΟ ΡΟΛΕΞ

Χόρευα το τσιφτετέλι
Στο δικό σου το βιολί,
Με παράτησες μια νύχτα
Για ψηλό μουστακαλή.

Μου πετάς το δαχτυλίδι,
Μου πετάς και το Ρολέξ
Στην εξάρτηση με ρίχνεις
Και μ' αφήνεις με κομπλέξ.

«Τώρα μ' άλλονε γυρίζεις, μάτια μου,
Και συνεχώς δακρύζουνε τα μάτια μου,
Μα η καρδιά, που είναι κομμάτια,
Ψάχνει νάβρει άλλα μάτια,
Να συναρμολογηθεί,
Από σένα να ξεφύγει
Κι απ' το παρελθόν να φύγει
Και να ξαναγαπηθεί».

Πήγα χτες με κάποιο φίλο
Φωκίωνος Νέγρη μια μπουτίκ,
Πήρα κουστουμιά καινούργια,
Που με ντύνει κι είμαι σικ.

Μαύρα μάτια με καρφώσαν,
Απ' την πέρα τη γωνιά,
Μου ξανάφεραν το κέφι
Και ο μήνας έχ' εννιά.

«Και συ γυρίζεις με άλλονε,μάτια μου,
Αλλά δεν θέλουν να σε δουν τα μάτια μου,
Βρήκ' αγάπη τώρα άλλη,
Από σένα πιό μεγάλη,
Μιαν αγάπη ειλικρινή,
Στο δηλώνω,εν κατακλείδι,
Το Ρολέξ,το δαχτυλίδι
Σ' άλλο χέρι θα φανεί.

www.ingramcontent.com/pod-product-compliance
Lightning Source LLC
Chambersburg PA
CBHW020758160426
43192CB00006B/372